AF244442

LA
CLOCHE FUNÈBRE

DE

LA POLITIQUE EUROPÉENNE,

OU

L'ÉCLAIR SUR L'EUROPE

A la fin du dix-huitième siècle.

Imprimé au Caire, et dédié à BONAPARTE, *l'an VII de la République Française.*

*Cet écrit respire la grandeur d'ame et le vrai patrio-
tisme. L'homme de sentiment et d'esprit ne le lira pas
sans utilité; c'est une étincelle électrique, qui jaillit en
lumière — pour éclairer dans les ténèbres, où la mauvaise foi, et des préjugés opiniâtres, comme spectres
nocturnes, ont établi leur trône. —*

*Rédigé et mis au jour par un ennemi naturel des Mamelooks
de tous pays.*

LA CLOCHE FUNÈBRE

DE

LA POLITIQUE EUROPÉENNE.

FRAGMENS

Extraits des papiers d'un VOYANT, décédé en 1789.

Un génie malfaisant paroit influencer l'Europe, la division et le mécontentement sont dans tous les esprits et dans tous les cœurs; —— des dissentions intestines déchirent tous les pays. —— La guerre des Turcs éclata, des mouvemens séditieux se manifestèrent en Hollande et en Brabant, au même instant où l'on s'apperçut des premières convulsions de la révolution française. Plus que jamais la guerre, les querelles, la haine, l'envie, la calomnie et la discorde, ont usurpé l'empire du monde politique, moral, religieux, littéraire. —— Il n'est pas étonnant qu'au milieu de semblables secousses il s'élève parmi nous des prophétes qui nous annoncent à haute voix que le dernier jour, celui du jugement universel, est plus près de nous que nous ne l'imaginons.

Voici ce qu'écrivoit le voyant (1), dans l'été de 1788. « Reçois mes adieux, déesse de la paix, le démon de la guerre,
» étouffe par ses hurlemens les doux accens de ta voix céleste,
» —— son cri d'allarme se fait entendre, —— guerre de tous
» contre tous; —— ô toi qui liras ceci! mets la main sur ton
» cœur, —— ses palpitations présagent de grands événemens.
» Aspire l'air, il est empoisonné de vapeurs sulphureuses; ——
» prête l'oreille; —— les frémissemens des coursiers s'élançant
» en furie, ébranlent la terre jusques dans son sein. Gravis à
» l'heure solemnelle de minuit la cime aigue du roc, —— et
» tu y entendras les voix sifflantes et gémissantes des quatre
» vents : malheur! malheur! malheur! misérables mortels, nous
» sommes dévoués à la mort ».

Que de nations déchues de leur ancienne grandeur, et s'énervant chaque jour davantage, voient avec une douleur patriotique leur situation actuelle si digne de pitié. Toutes les grandes

---

(1) Prophéte, en terme de l'Ecriture, ainsi Samuel y est appellé le Voyant.

A 2

puissances aiguisent leurs bayonettes dans le dessein d'achever, sur notre hémisphère, le renversement de toute liberté politique ; mais, ô liberté de l'univers ! tu ne succomberas pas ; en toi réside assez de germe pour produire, et assez de force pour anéantir tous les vains projets liberticides ; je te vois échappée, comme par miracle, au danger imminent qui menaçoit ta vie, et dans la main de la Providence brille déja la coupe d'or remplie de la liqueur vivifiante qui te ranimera, languissante et malheureuse Europe.

Toutefois, ce que nous avons vû de plus surprenant est à peine un point, comparé à ce qui se verra encore, —— et la grande époque déterminante et finale du combat commencé, est enveloppée d'une obscurité si profonde que les politiques, même les plus hardis, n'osent hasarder que des conjectures ; le tems dans sa marche, lente ou rapide , peut seul nous donner le vrai point de vue qu'il nous faut pour l'observation de l'histoire du monde. —— Là se voient encore des rois qui voudroient ouvrir le ciel à leurs sujets à force de prières ; —— d'autres qui ne respirent que conquêtes. L'éducation du peuple, favorisée dans quelques endroits, est tellement négligée dans d'autres, qu'on paroît avoir pour but d'abrutir sa raison en le livrant à l'ignorance et à la superstition. —— Là règne l'aisance, ici la plus dégoûtante pauvreté ; tel état a un système de gouvernement pacifique , le génie de la guerre domine dans tel autre ; —— tout en Europe est si dissonnant, si contradictoire, si désordonné, qu'il n'y a qu'une secousse générale, qui, de ce cahos informe, puisse reproduire l'harmonie et la félicité universelle.

Ici l'on porte des coups dangereux à la puissance du Saint-Siège, là l'on augmente son autorité et ses prérogatives, la Suisse , la Hollande, ces pays autrefois asyle de la liberté, de l'héroïsme, deviennent pusillanimes, et perdent leur énergie ; l'Angleterre, avide de la domination générale, chancelle au bord de l'abime ; l'Espagne abolit et rétablit l'inquisition ; l'Italie tient à la politique astucieuse de l'aristocratie Vénitienne, et par tout il y règne encore ce bigotisme, qui, loin d'élever l'ame au ciel, la repousse vers la terre. L'Autriche veut partager le monde avec la Russie, et sacrifie le repos de ses peuples à son goût pour la guerre ; —— rien n'est plus forcé, plus contre nature que l'union de ces deux grandes puissances ; —— mais elles ne pourront accomplir leurs projets ; l'accord, l'harmonie nationale, n'existent point entr'elles, et je ne saurois imaginer rien de plus contradictoire, de plus opposé, que ne le sont l'esprit allemand et l'esprit russe. —— La Suède et le Dannemarck, comme des pays abandonnés, ignorent encore de qui ils deviendront la proie. Attaquée de la consomption, estropiée dans ses membres, la malheureuse Pologne dépérit. La

Prusse promène au loin ses regards, prétend par tout au rôle honorable de médiateur, et ne voit pas que dans son pays même l'humanité souffrante respire après la liberté. —— Les villes impériales sont dès longtems des zéros dans l'histoire du monde. —— Qui pourroit considérer ce tableau et ne pas y voir la dissolution du système politique de l'Europe? Dans un tel état de foiblesse, elle ne peut se soutenir que par un repos non-interrompu; —— mais une guerre, —— surtout une guerre de révolution, amènera la fermentation intérieure à une explosion consumante; —— et l'on n'ose pas même annoncer ces maux! —— Une fausse politique entrave la franchise. —— Nos papiers publics sont nuls, comparés aux événemens dont ils pourroient nous instruire; et à quel point le peu qu'ils nous apprennent n'est-il pas altéré, défiguré par l'ignorance, la crainte, la prudence, la partialité, la mauvaise foi, ou par les connexions politiques, extérieures ou intérieures.

L'alliance entre l'Autriche, la Prusse, la Russie, coalisées contre la France, avec l'Angleterre, l'Espagne, le Dannemarck, la Suède, cette coalition, vrai scandale pour l'ami de la liberté, vraie folie aux yeux des hommes instruits des relations qu'ont entr'eux les gouvernemens européens, présente à nos regards les caprices des cabinets, qui métamorphosent subitement en amis, ceux qui naguère étoient depuis des siècles des ennemis incarnés.

Le système politique de l'Europe, autrefois si solidement lié, paroît sortir de ses jointures depuis l'alliance contractée entre l'Autriche et la Russie, ou plutôt depuis la mort de Frédéric l'unique; jamais, dans tout le cours du 18e siècle, les inconséquences politiques ne furent aussi fréquentes, l'ambition de la Russie les augmente encore; (1) elle voudroit étendre sur tout l'univers sa prépondérance et sa domination; toutefois Dieu surveille ces vains projets; —— il arme en silence une force capable de secourir le foible, et en protégeant celui-ci, sa verge redoutable punira les ambitieux tourmentés de l'orgueilleuse soif de régner. —— Si ces audacieux Titans du Nord pouvoient avancer dans leur carrière, s'il étoit en leur pouvoir d'arracher une fois le croissant Turc du ciel, on les verroit se retourner, —— et nous; —— mais le ciel nous protégera! —— C'est en vain que les conquérans du monde paroissent concevoir des plans aussi gigantesques, ils entendront ces mots foudroyants: les peuples se réveillent!

" Les puissances coalisées croyoient alors que la France n'é-
,, toit pas en état de résister à ce plan monstrueux; en effet,
,, la France monarchie étoit trop foible, il falloit qu'elle fut

______

(1) Ils disent : rien au-dessus de nous, tout au-dessous.

„ république, il falloit son appel à la liberté pour rendre cette
„ résistance possible; voilà pourquoi déja, en 1788, des mé-
„ moires ont été présentés au gouvernement français pour qu'il
„ s'opposât aux entreprises de ces grandes puissances, et dès-
„ lors un des plus ardens patriotes pensant et proposant la con-
„ quête de l'Egypte, disoit :

„ Le sol de l'Egypte est dans toute son étendue un des plus
„ fertiles, des plus aisés à cultiver; les récoltes y sont moins
„ précaires que dans tout autre pays; son climat s'amélioreroit
„ bientôt par l'active industrie des Français. Elle égale dans
„ sa surface les deux tiers de la France, et par ses richesses
„ intérieures elle surpasseroit de beaucoup les revenus de celle-
„ ci. Comme l'Egypte réunit les produits de l'Asie et de l'Eu-
„ rope, elle dédommageroit la France de la perte de ses îles;
„ avec un vent favorable les vaisseaux Français peuvent en dix
„ jours faire le trajet de Toulon à Alexandrie. L'Egypte est
„ mal défendue, elle seroit facilement conquise et conservée;
„ et la France en possession de ce pays, et touchant alors aux
„ Indes par ses frontières, deviendroit la maîtresse du com-
„ merce important de cette partie du monde; elle le condui-
„ roit sur la mer Rouge, rétabliroit les communications de
„ l'Isthme de Suez, et n'auroit plus besoin du passage aussi
„ long que dangereux du Cap de bonne Espérance; elle obtien-
„ droit par les caravanes de l'Abissinie, des soldats, et la plus
„ grande partie des richesses de l'Afrique intérieure, la poudre
„ d'or, les dents d'éléphans, les épices, les parfums et les
„ gommes. En favorisant les pélérinages de la Mecque, elle
„ s'ouvriroit aussi le commerce de la Barbarie, et de cette
„ manière la France deviendroit le dépôt des marchandises des
„ quatre parties du monde ".

La Russie, par sa position actuelle, s'approche du grand et
terrible moment qui décide de la destinée des empires, enflée
du succès de ses armes contre la Suède, la Turquie, la Prusse,
cette puissance colossalle s'est arrogée le ton impérieux qu'elle
prend en Europe; toutefois ses ennemis ont de leur côté une
grande masse d'énergie, et le grand Souverain, mobile de tout,
qui pèse les plus grandes nations comme des grains de sable, a
déja pesé les destins de la Russie.

Le voyant écrivoit le 25 Novembre 1789 : lorsque les armées
de Joseph et de Catherine marchoient contre les Ottomans,
on se figuroit déja voir tomber les tours de Stamboul et s'éteindre le croissant des Turcs ; —— cet espoir fut déçu; —— l'élite
des troupes allemandes tomba sous le glaive Musulman. La
campagne finie l'empereur Joseph écrivoit à Vienne : mon attente
n'a pas été remplie, mon ame est en proie à la plus violente
douleur.

La puissante Russie, l'ambitieuse Autriche, agrandissant leurs domaines par des guerres continuelles, préparent par là leur démembrement à venir. La Russie n'est pas peuplée, le cultivateur, l'artisan, y sont esclaves, et la noblesse met au même niveau le paysan et la brute. L'état de cet empire est trop arbitraire pour n'être pas exposé à de grands ébranlemens. —— Hâte toi, Pologne, —— secoue le joug de l'influence étrangère, —— sois attentive; —— le moment où une secousse se fera sentir sera celui de ta délivrance. Les Suédois, les Danois, les Allemands, sont aussi dès longtems fatigués, des insultes et de la morgue Moscowite. La plus forte, la meilleure partie de la Pologne, se range à la coalition des Républiques; néanmoins la Russie ne veut point renoncer au plan qu'elle s'est formé de faire de son aigle noir la boussole du monde entier. —— Mais quelque bonheur qu'aient eu les armes Russes, ils ne sont pourtant pas encore de ces chevaliers aux armes enchantées, qui, par leur seule présence, détruisent une armée entière, et devant lesquels toutes les nations se voyent contraintes à mettre bas les armes.

Au moment actuel, les Français, tranquilles spectateurs de la guerre des Turcs, ne s'occupent que de spéculations; mais une révolution s'achemine dans le système politique du monde; elle présente à la France une vaste perspective de l'étonnante hauteur à laquelle elle pourra se placer (1), si, temporisant avec sagesse, elle rassemble des forces en silence; —— toujours est-il merveilleux que les plus grandes puissances aient dû commencer par se battre, et qu'avec la vigueur du jeune âge, avec le feu républicain, la France se réveille tout-à-coup, et de son tonnerre ébranle tout le globe, précisément lorsqu'on regardoit cet empire comme un zéro politique, ou du moins comme étant le plus foible de tous; mais il est dès longtems prouvé que les apparences de la plus grande foiblesse, comme celles de la plus grande force, n'en sont pas toujours la réalité. C'est à Fréderic le grand que le système militaire doit la supériorité qu'il a en Europe; ce prince même en tems de paix avoit toujours sur pied une armée imposante. L'Autriche voulut le surpasser; la Russie imitoit en tout la Prusse; bientôt ce fut une espèce d'émulation entre les petits, comme entre les grands souverains, d'avoir une armée. Voilà ce qui fit naître en Europe cette puissance militaire oppressive au plus haut point, montant environ à deux millions d'hommes qui étoit alimentée et entretenue aux dépends des classes nourricières et industrieuses, et levée en

---

(1) Le tems a prouvé que la France est ressortie des nuages, semblable à une planète brillante, entourée de ses satellites.

A 4

partie contre la liberté des peuples ! Des pays trop peu impor-
tans pour mériter d'être gardés, devoient de leur pauvreté payer
encore jusqu'à la dernière goûte de sueur.

Depuis maintes années la principale sollicitude de nos souverains n'a d'autres objets que d'accroître leur autorité, leur
puissance, d'augmenter leur amée ; c'est là ce qui souvent, en
occasionnant le mécontentement des peuples, les a portés à la
rebellion ; toute l'application des princes se fixant sur les levées
de soldats ; partout les revenus de l'état ne refluoient que dans
les caisses militaires, ce qui nous a conduit au point qu'à la fin du
18e siècle, il n'y avoit presque plus de classes de citoyens aisés,
et que toute la politique et les efforts des puissances de l'Europe
n'avoient de but que de se détruire militairement l'une l'autre.

L'Europe pouvoit-elle supporter plus longtems un épuisement
aussi terrible que celui où la jettoit l'obligation de vouer à la
profession des armes ses enfans les plus vigoureux, et d'être
encore écrasée dans le négoce par les impôts, les contributions
et la disette ? Non, —— aucun bon souverain ne peut penser à
imposer de nouvelles charges ! —— la contraction étoit trop forte.
Si les empereurs, les rois, avoient fait couler, comme un suc
vivifiant, dans tant de veines desséchées, les millions qu'ils
prodiguoient pour leur armée, le corps entier en eût ressenti la
salutaire influence. Mais comme il n'est aucun mal qui, dans
la chaîne générale, n'ait son utilité, cette manie d'administration militaire contribua plus que toute autre chose à diminuer
l'autorité ecclésiastique et celle des princes ; le soldat donnant
la loi, le démon hiérarchique apprenant à obéir, la puissance
des grands souverains s'accrut, il est vrai, pendant un moment,
mais ce fut pour dompter un ennemi du genre humain plus redoutable encore, l'ignorance ; et telles ont été les suites des
exploits de Fréderic, que si d'un côté son exemple a été nui-
sible, il a de l'autre ouvert toutes les portes à la liberté universelle ! C'est pourquoi l'on appelloit Fréderic la foudre divine !
Lui seul, en effet, et non ses foibles imitateurs, possédoit l'art
de conduire une armée à des victoires immortelles, de lui inspirer l'ame et la vie nécessaire à de grands desseins. Il est devenu
l'instrument de la providence ; car, en lui reposoit un monde
de facultés et de vastes projets ; il fut l'objet de l'admiration de
tous les hommes éclairés, des peuples les plus éloignés, et
la postérité renchérira encore sur ce juste tribut d'hommage,
l'espèce humaine lui doit une nouvelle énergie : du Japon à la
Chine le nom Prussien fut prononcé avec respect.

Mais en s'établissant en Europe chez toutes les puissances,
cette administration militaire ne fit qu'éveiller la jalousie entre
les puissances mêmes, les nations apprirent à se haïr, et si
Dieu n'y met la main, il n'y a que l'épouvantable guerre, qui

paroît ébranler la moitié du monde, qui puisse arrêter ou mettre fin à la rivalité des peuples et à ce systéme ennemi de l'humanité ! Car le ton impérieux que les grands ont pris avec le peuple depuis un demi siècle, n'a pu qu'augmenter chez celuici la haine et la défiance !

Avec quelle vigueur, quelle séverité, l'Autriche n'a-t-elle pas, depuis dix-huit ans, pressé la levée des impôts pour la guerre? C'est là ce qui a fait la révolution à Bruxelles ; on a vu en Hongrie les mêmes convulsions ; les emprunts sans intérêts exigés pour la guerre et qui ont amené la chûte de la France, auront aussi les mêmes suites dans d'autres états ; — qui oseroît s'arroger le droit de demander à des souverains la raison de leur conduite ?

Déja dès longtems les grandes puissances formoient des plans et des projets de paix, toutefois si profondément enveloppés des ombres du mystère qu'on ne pouvoit les pénétrer ; mais toujours, — l'envie et le mensonge ont renversé les grands projets. — Cependant la République française élève une muraille plus artistement faite et plus durable que ne l'est la grande muraille qui entoure la Chine ; plusieurs républiques étroitement liées formeront ce rempart au midi de l'Europe, il sera plus solide que la coalition des princes ! Puisse-t-il bientôt s'achever tel qu'il est déja élevé dans le cœur de tous les vrais amis de la liberté ! Et l'ange qui la protége puisse-t-il monter alors sur la plus haute cîme des Alpes, et crier à l'univers : l'homme libre est l'homme par excellence, Dieu l'a orné de gloire et de pouvoir, et l'éclat de ce pays ne s'éteindra qu'avec le dernier des soleils.

Lors de l'affaissement apparent de la France, en 1789, l'observateur politique écrivoit : — quelque merveilleux que soient les plans conçus maintenant par nos grandes cours, elles ont invisiblement à leur côté un grand rival qui confondra leurs projets chimériques les plus habilement combinés ; cette puissance invisible est la France : déja elle commence à se remettre de son affoiblissement, à montrer au dedans et au dehors sa force redoutable ; son action est si prompte, son génie est si extrémement souple, sa politique est si fine, que, comme une vapeur, elle exhale son essence active et subtile, elle opère à Constantinople en dépit de la considération dont y jouissent les ministres de Prusse, d'Angleterre, de Suède ; elle se répand à Pétersbourg, à Londres, à Madrid, à la Haye, en Suisse, en Amérique ; elle se communique çà et là sur les rivages de l'Afrique, agit souvent sur les bachas séditieux de l'Egypte ; elle est ici, là, par tout.

Lorsque cet empire produira l'ardent patriotisme, les effets en seront incompréhensibles ; car aucun peuple dans l'histoire moderne ne s'est encore autant distingué par ses actions que les Français ; un léger éveil de leur voisin libre, tel qu'ils le reçoivent maintenant des patriotes Hollandois, Genèvois, Brabançons, fera des progrès étonnans ; l'esprit national français, si longtems enchaîné, deviendra pour tous les esprits de la terre le signal du changement.

Voici la manière dont le voyant décrit le commencement des troubles en France. " Déja l'on voit le flambeau de la sédition
,, allumé en France, l'on veut le sang des citoyens! L'on nous
,, écrit qu'on prend des mesures pour arrêter par tout, par le
,, pouvoir militaire, l'explosion d'une révolution, par tout s'é-
,, lèvent des potences, des canons sont braqués, des bour-
,, reaux, des valets de bourreaux, sont employés à faire des
,, patrouilles, *pour tranquilliser le pays.* Les Français se refu-
,, sant à soutenir la lutte des citoyens contre les citoyens, on
,, se servit d'étrangers auxiliaires ".

On compte déja vingt - neuf bailliages organisés selon ses mesures, et qui, de même que des Pagodes, se meuvent au moindre signe du roi. Mais il s'approche le tems épouvantable où la flamme de la rebellion sortira de tous les toits. —— Ecrit en 1788.

S'il vivoit encore ce Richelieu, le créateur de la politique française, qui, faisant allusion à son esprit subtil et rusé, se glorifioit d'avoir une lunette, qui lui présentoit d'un coup d'œil tous les empires de l'univers, et avec laquelle son regard pénétroit à travers les portes les plus épaisses des cabinets de l'Europe ; il auroit vu actuellement plusieurs choses louches, et n'auroit pu croire à beaucoup de celles qui sont arrivées ; il auroit aussi douté qu'une guerre civile, qui avoit pour but la repression du pouvoir, pût devenir la plus étonnante guerre révolutionnaire que le monde ait jamais vue, et dont les commencemens ont été si petits, que dans les meilleurs télescopes les plus grands contemplateurs de l'univers n'auroient pu, ni la reconnoître, ni la prévoir ; l'agresseur n'est pas toujours celui qui frappe le premier coup, mais celui qui force son voisin à le frapper. C'est là en un mot la justification de la révolution.

Si les princes prenoient pour lien entr'eux et le peuple l'amour sincère de la patrie, alors leur union se reserreroit chaque jour davantage. Oh ! s'ils avoient sérieusement pensé à ces mots, qu'un roi couronné disoit un jour à ses sujets : —— Elle s'évanouira bientôt cette vie passagère et pénible, et avec elle les différences que le grand ordonnateur de l'univers a voulu établir entre nous et vous : puissions - nous alors paroître sans remords devant le tribunal de notre juge commun pour y rendre

compte, nous, des loix et des ordonnances que nous vous avons
données, et vous, de votre obéissance à les suivre.

Se jouer de la vie des hommes, —— quel jeu ! et c'étoit
cependant le jeu des grands ! La constitution politique moderne
de l'Europe étoit semblable à une meule, qui, lorsqu'elle n'a-
voit rien à broyer, se broyoit elle-même ; voilà pourquoi pendant tout le siècle, la paix et la guerre ont été comme deux
astres sur notre horizon ; quelquefois on y voyoit briller le doux
éclat de l'astre de la paix ; mais il étoit bientôt englouti par
d'épaisses nuées, et le lever sanglant de l'astre de la guerre
venoit le remplacer.

La politique exigeoit qu'on ne se fiât plus à aucun cabinet,
et la défiance existoit jusques parmi les alliés. Cet entêtement
des grands devoit enfin révolter l'humanité ; voilà ce qui dès
longtems a fait tirer le coup de canon, signal d'une guerre de
tous contre tous ! Mais lorsque l'orage éclatera, lorsque les nations se lasseront enfin d'être éternellement provoquées et ex-
citées au combat, alors se lévera un grand et sanglant jour de
fête, des nuées effrayantes s'amoncelleront à l'Orient, au Nord ;
les exhalaisons qui forment les orages se rouleront à l'Occident,
alors les nuées, grosses de la tempête, créveront, et la massue
de la mort descendra et tuera. —— Tous les trônes seront ébran-
lés, les despotes s'entrechoqueront, et s'il plait à Dieu, les
nations en triompheront enfin. —— Presque tous les peuples se
léveront en masse au son du tocsin, qui rassemblera la moitié
du globe ; car ils ont une ame capable d'héroïsme, de force,
d'énergie. Avec quelle rapidité l'esprit des peuples si longtems,
si honteusement opprimés, ne s'enflammera-t-il pas au grand
spectacle qui va s'ouvrir sur le théâtre du monde, avec quelle
promptitude le génie de l'Allemagne va se lever, embrasser le
colosse libérateur, et faire entendre ce cri de jubilation : *et
nous aussi nous sommes libres !* Grâce te soit rendue, génie
étranger, grâce te soit rendue, tu nous as servi de truchement !
tu as puissamment ébranlé nos cœurs, par l'explosion bruyante
de ton tonnerre vengeur, tu as réveillé la patrie de son assou-
pissement, tu lui as appris à sentir sa force.

Par ton exemple, ó France ! (1) tu nous as donné une ame

---

(1) Note faite en 1798. Les succès des Français ne peuvent être
attribués aux seules faveurs de la fortune ; mais à l'audace, au courage
inexprimable qui caractérise ce peuple. Lorsque d'autres guerriers, au
sein du repos, s'enflent de leurs exploits, les Français sont encore en
campagne et bravent l'intempérie des saisons. Qui peut résister à un tel
peuple ? Mais comme les grands n'écoutent pas les avis, les succès des
Français attiseront encore le feu de la guerre, et donneront toute une
autre tournure au système politique de l'Europe ; et qu'on y fasse attention,

nouvelle : —— à nous Allemands, que le plus petit mouvement d'un noble faisoit tressaillir. Oui, l'on peut espérer que telle sera la volonté divine, que la plus grande partie de la nation Allemande cessera enfin de se rendre méprisable aux yeux des autres peuples par sa foiblesse et par une basse timidité. —— Ainsi qu'elle, plusieurs autres nations peu considérées jusqu'à présent reparoîtront, comme le soleil après de longs jours nébuleux reparoît sur l'horizon, tandis qu'il se couchera peut-être ou qu'il s'obscurcira du moins quelque tems pour les nations qui déja ont joui de l'âge d'or.

On disoit en 1788 à Paris, où l'on fut toujours bon juge en politique : que les Anglais avoient cherché à s'allier avec la France pour maîtriser le monde entier. Mais cette pensée hardie de Pitt étoit un piège dans lequel aucun Français pénétrant ne peut se laisser prendre, l'avantage d'une telle union n'eût été que du côté de l'Angleterre ; toutefois ceci prouve que Pitt voyoit l'importance d'une alliance avec la France ; et combien n'a-t-il pas expérimenté depuis ; quel génie entreprenant anime ce peuple fougueux. Les Anglais, dont Plutus est le Dieu, travaillent dès longtems à s'attribuer exclusivement tous les avantages du commerce ; toutes leurs guerres ont pour but d'opprimer les autres nations, toutes leurs alliances tendent à ruiner les puissances voisines ou rivales ; c'est ainsi qu'ils tiennent en respect les Français, les Hollandais, les Danois, les Suédois et même la Russie, la Prusse, l'Autriche. L'Angleterre n'a que son avantage propre en vue ; la première loi de la nature *fac ut tu sis felix :* telle est la devise écrite sur tous leurs établissemens publics, c'est là *l'urim et thummim* de leur grand prêtre Pitt et compagnie. —— Une alliance avec l'Angleterre est une alliance contre la liberté, préjudiciable à chaque puissance ; comme Fréderic le grand l'a prouvé dans ses écrits et comme il en a lui-même fait l'expérience dans la guerre de sept ans (1).

Londres, nouvelle Carthage, s'élève orgueilleusement sur toutes les résidences royales ; chaque peuple parvenu au zénith de sa grandeur décline vers sa chûte ; ainsi la puissance An-

---

il en résultera, comme par l'attouchement d'une baguette magique, des choses que le spéculateur politique le plus hardi n'auroit pas même imaginé il y a dix ans !

(1) Mon sang bouillonne encore dans mes veines, lorsque je me rappelle la manière dont les Anglais, infidèles à leurs traités, parjures à leurs sermens, en ont agi envers Fréderic le grand, dans la guerre de sept ans, (depuis 1757 à 1763). Tout homme honnête et bon, détourne avec horreur ses regards de l'horrible aspect sous lequel lord Butte s'est présenté. Fréderic, dans ses ouvrages, a élevé au ministère Anglais le monument que celui-ci a mérité.

glaise, qui a presque depuis un siècle atteint sa hauteur, et qui loin de s'en contenter, influencée par les plans hardis des Pitt, pères et fils, aspire à dominer sur toutes les parties de la terre, verra bientôt l'époque de sa chûte. Son grand orgueil, son mépris pour les autres peuples, annonce déja qu'elle a atteint la maturité qui mène à la décadence. Toutes les secousses politiques, tous les ronflemens de l'artillerie, sur terre et sur mer. —— Toute cette attente, cette souffrance des peuples est la suite de l'ambition Britannique, des coopérateurs et stipendiaires qu'elle emploie et paye en Europe pour être seule grande et puissante. L'Angleterre veut humilier le monde entier; un tel projet peut-il entrer dans le plan d'un juste juge de l'univers (1) ?

Le voyant écrivoit le 1 Janvier 1789 :

Lorsque la France luttera contre l'Angleterre, lorsque dans son irritation elle portera la guerre de la liberté par delà les mers, alors son génie pourra non-seulement du haut du Capitole et des Sept-Tours, appeller les peuples a ployer devant lui ; mais sa voix foudroyante sera encore entendue de la fière Albion qui se verra contrainte d'obéir à cet appel.

C'est toi, ô Italie! qui seras le premier objet des jugemens terribles du juge suprême des humains. Influencé par les moines, dépendant de despotes, l'Italien est l'homme auquel on ose le moins se fier. Les crimes de Rome et de Naples sont amoncelés comme les montagnes ; on comptoit il y a peu d'années dans la première de ces villes 420 meurtres dans l'espace de 8 mois ; Naples renferme plus de moines et de mendians que de citoyens et de cultivateurs. Palerme est habité par 40 mille moines, qui, semblables à des sangsues, sucent le sang des peuples. L'oisiveté, la fainéantise, sont à un si haut point, que tout établissement de fabrique est impossible en Italie. —— L'orgueilleuse Venise, autrefois la plus riche république du monde a aussi perdu son nerf et son génie; elle est devenue un serail consacré à la volupté ; mais bientôt elle se verra contrainte à quitter ses dominos et ses masques ; on la chauffera avec des tisons ardens.

Le voyant dit du pape :

Pie IV se ploye avec beaucoup de sagesse à l'esprit du tems qui menace de destruction toutes les hiérarchies. On commença

----

(1) Il n'est aucun peuple qui supporte le mépris, et l'Angleterre regarde tous les autres peuples comme ses vassaux.

sous l'empereur Joseph à scruter plus soigneusement les droits du pape et de ses envoyés, à secouer à jamais les chaînes de la hiérarchie romaine. Le premier pas fait dans cette route nouvelle, fut la suppression de l'ordre des jésuites! Depuis plus de mille ans Rome nous envoyoit ses indulgences, ses nonces, ses virtuoses, ses reliques, ce qui coûtoit à l'Europe son or, sa raison, sa liberté; car tout peuple qui rend hommage aux moines ne peut être libre; ils cherchoient à abrutir, à étouffer l'esprit des nations, à courber leur tête sous le plus épouvantable des jougs, celui de l'ignorance et de la superstition, les deux colonnes de la monarchie romaine. O! qu'il sera beau, qu'il sera glorieux, le jour où le glaive se tirera contre le démon de la hiérarchie et le monstre de la superstition! Toutefois, peuples, prenez garde, un monstre tout aussi épouvantable est en embuscade, —— il vous épie, —— ce monstre s'appelle *apostasie et irréligion!*

Ecrit en 1788.

La Palestine et l'Egypte subiront aussi de grands changemens. Les Mahométans eux-mêmes attendent une seconde apparition de leur prophéte; les Juifs arrivent en foule à Alexandrie. (Ecrit le 12 octobre 1788, il y a juste dix ans.) D'après les signes du tems un grand changement se prépare pour cette nation, un très - grand changement dès longtems prédit dans toutes nos écritures. —— Comme par pressentiment sur l'Egypte le voyant dit : " La gloire de Dieu, qui se manifesta autrefois „ en Asie et qui de là resplendit sur le monde entier, y re- „ paroîtra aussi dans son aurore ". —— Le Turc a des songes inquiétans sur ses riches carreaux; car le destin paroit très-clairement désigner l'heure où un ange de la mort prononcera sur son empire le Mené mené teckel (1), néanmoins son génie résiste encore comme le flambeau qui s'éteint en pétillant.

Si le jour du jugement, qui tôt ou tard se lévera sur tous les peuples, se levoit à présent, ils essayeroient encore de lui opposer une épouvantable résistance, et dans la chûte du colosse européen, le pouvoir mourant écrasera dans ses dernières convulsions des milliers de crânes humains. Mais Dieu saura par des événemens progressifs adoucir ces maux, et par les divisions intestines, par la séparation des forces, nous nous trouverons comme par miracle dans une autre position. Ainsi nous avons déja vu la chûte de la hiérarchie papale, ainsi se brisè-

____

(1) L'on t'a pesé et l'on t'a trouvé trop léger. Ce poids est celui où sont mis actuellement tous les états de l'Europe.

rent l'ancienne Grèce, Rome et tant d'états subsistans avant et à côté de nous, si solidement établis, et qui maintenant au plus léger attouchement se brisent et tombent en pièce. Un vent impétueux souffle dans tous les rouages du systême politique de l'Europe, et personne ne peut prévoir où il s'arrétera.

O! qu'il est foible le tissu politique, ouvrage des hommes, fusse-t-il celui des Richelieu, des Pitt, Kaunitz, Hertzberg, comme il se meut au moindre souffle du plus léger vent, qu'il est facile à déchirer; mon cœur est fortement ému, la vérité m'inspire de nouveau, oui

> Un Dieu, de l'univers est le seul conducteur,
> Et souvent le mortel dans son orgueil extrême,
> Des causes et des effets se croit être l'auteur,
> Quand tout est dirigé par cet Être suprême.

On croit souvent appercevoir une politique, une sagesse, une pénétration merveilleuse dans les traités des dominateurs de la terre, tandis que la plûpart du tems ils savent à peine eux-mêmes ce qu'ils veulent. Ils voudroient toutefois que le reste du monde les considérât comme des oracles, ou comme des divinités, nous traitant en imbécilles, hors d'état de deviner les vues et les plans d'un homme couronné, pétri du même limon que nous. Leurs projets ressemblent souvent à ces décorations théâtrales, dont les rochers paroissent ne pouvoir être escaladés qu'à peine par les Tytans, et qui le sont par des enfans!

Tel qu'un des animaux de l'Apocalypse, les politiques promènent leur regard sur tout l'univers, contemplent au dehors, au dedans, pour découvrir ce qui se passe, et cependant ils ne savent rien; car aucun d'eux, même le plus habile des architectes politiques, ne peut créer la lumière dans le cahos du monde, ou ordonner un bâtiment régulier des vapeurs et de la chaux qu'il trouve dans le chemin. Le grand architecte Céleste a seul le pouvoir de ramasser ces débris; il en élèvera un temple, sur le pinacle duquel il se tiendra, disant à l'univers étonné: le voilà le temple de l'histoire de l'homme, —— sa base est dans la profondeur de la terre, sa coupole touche au ciel.

Et l'humoriste Luther, dit: Dieu a ramassé un beau, magnifique et très-gros jeu de cartes, composé de grands seigneurs, orgueilleux et puissans, tels que des empereurs, des rois, des princes; il les bat les uns avec les autres.

Que de vastes projets, formés par les grands de la terre, ont déja été rompus uniquement parce qu'ils n'étoient pas dans les plans de Dieu ; l'histoire de ces projets anéantis est ce qu'il y a de plus propre à humilier la sagesse politique, si prodigieusement exaltée, la pèrspicacité la plus tendue y trouve son oraison funèbre tandis qu'elle augmente la confiance dans un conducteur invisible, qui veille sur l'univers.

L'ALLEMAGNE

L'ALLEMAGNE ET LES RÉPUBLIQUES.

LE 20 Février de l'année 1789, le défunt écrivoit : —— l'Allemagne, notre chère patrie, jouit d'un repos si heureux, que le Philantrope en verseroit des larmes de joie ; —— tandis que la France souffre dans ses entrailles, l'Angleterre à la tête (1) ; tandis que le venin patriotique fermente en Hollande ; que la Suède ressemble à un corps divisé par le glaive de la discorde ; que la Russie et l'Autriche s'affoiblissent par des victoires et de nouveaux préparatifs de guerre ; tandis que les bonnets rouges et verds annoncent en Pologne une guerre civile ; que Genève lutte avec l'hydre monstrueux de l'aristocratie ; —— oui, tandis qu'il se manifeste dans toutes les provinces de l'Europe plus ou moins d'étincelles de discordes, de troubles, de mécontentement national, d'esprit de révolte ; —— il règne par tout en Allemagne, et en ce moment, une tranquillité douce, solemnelle, semblable au calme qui précéde un grand jour de fête religieuse. —— O patrie ! sois sacrée pour moi, dans ta tranquillité ! —— Mais les choses resteront-elles longtems ainsi ? —— Ce calme soudain ne seroit-il point l'avant-coureur d'une prochaine tempête ? —— De trop sûrs indices paroissent annoncer que ce repos apparent ne promet point une longue durée ; —— car, hélas ! le vers rongeur —— attaque la souche de la nation ; voici ce que l'observateur remarquoit dès longtems avec une douleur patriotique. Le corps de l'état languit ; une cure fondamentale lui est nécessaire, jugez-en vous même.

Chez aucune nation, l'ancien amour de la patrie n'est plus altéré que chez les Allemands, parce que leurs souverains n'ont plus l'ame patriotique ; qu'ils sont entourés de ministres à la mode, et de femmes étrangères qui ont éteint chez eux le caractère allemand.

Les bons princes de l'ancien tems cherchoient plus à augmenter le bonheur intérieur dans leurs états, qu'à agrandir leur pays par des conquêtes, et telle étoit la cause de l'amour qu'avoient pour eux les bourgeois et le paysan ; maintenant lorsqu'on pense aux enrôlemens forcés, aux contributions continuelles exigées pour la guerre, aux logemens onéreux des troupes ; lorsqu'on voit les troupes allemandes vendues à l'Angleterre pour l'Amérique ; —— on diroit que les Allemands doivent fournir des soldats à tout le monde, et s'aider à propager par tout

-----

(1) La maladie du roi étoit à cette époque.

le despotisme ? —— Il n'est pas étonnant que les Anglais nous désignent sous le nom déshonorant de valets soldés, de mercenaires ; —— quoi ! faut-il que les braves enfans de la Germanie, qui combattroient avec tant de courage pour leur patrie, s'ils avoient une patrie, soient livrés comme des troupeaux à ceux qui les payent le mieux à leur prince ; et combien n'arrive-t-il pas que pour une modique solde, un mince salaire, le frère est appellé à assassiner son frère, qu'un soldat se voit contraint à arroser de sang sa terre natale, ou à piller avec sa troupe et à bruler le troupeau maternel. —— Cet usage cruel a tellement abruti la nation Allemande qu'un général Autrichien, le célèbre Montécuculi, disoit, qu'un Allemand serviroit le diable pour de l'argent ; mais sur qui pèse la responsabilité de cet horrible abus ; quels sont ceux qui permettent, qui protègent les enrôlemens ; comment est-il possible que dans cet état de choses l'amour de la patrie puisse naître, croître, durer ? Quel est l'homme éclairé et sensible qui puisse voir sans émotion, ou avec indifférence, un tel déshonneur pour la patrie.

A côté de ces maux existe encore celui de l'oppression de la classe nobiliaire sur la classe bourgeoise ; de grands pays qui brilloient autrefois comme des soleils sur l'horizon politique, ont été mis par là en pleine fermentation, ainsi la Pologne, la France, la Hongrie ; —— oui, même dans toutes les provinces en Allemagne on a vu souvent les esprits s'échauffer et bouillonner comme le moût qui cherche à s'échapper du vase qui le contient ; toutefois jamais les droits du tiers et de la noblesse n'ont encore été si scrupuleusement pesés qu'ils le sont à présent, surtout en France ; quoique je ne haïsse pas la noblesse, je ne peux disconvenir du mépris dont, trop souvent, elle accabloit les classes inférieures, mépris par lequel elle a préparé sa chûte ; car, on a généralement reconnu, dans la plus grande partie de l'Europe, que les autres classes l'emportoient sur elle, par les lumières, l'esprit, les talens, le vrai mérite, l'héroïsme des grandes actions, la grandeur d'ame, en un mot, par tous les avantages du cœur et de l'esprit ; voilà ce qui rendoit insuportable à tout homme doué de cœur et d'ame, l'orgueilleuse condescendance avec laquelle la grande et la petite noblesse abaissoient leurs regards sur les classes inférieures ; voilà d'où provenoient les plaintes contre leurs prétentions à toutes les premières places militaires ou civiles ; c'est surtout dans les villes impériales que se déploye, dans toute son étendue, la morgue nobiliaire ; en vain a-t-on dit et répété mille fois que la noblesse sans mérite, sans science, sans talent, étoit un glaive émoussé ; il en est, qui, continuant à se glorifier de leur sang, semblent dans leur fol orgueil s'imaginer que des anges l'ont puisé avec des vases d'or dans les sources les plus pûres. —— Mais les plus

grands génies n'ont-ils pas été des roturiers ? La France a pesé
la noblesse ; elle l'a trouvée infiniment trop légère ; en effet,
elle n'est pas seulement pétrie du même limon que nous ; mais
de plus, son sang a tellement dégénéré de sa pureté primitive,
par les préjugés, la volupté, la délicatesse, qu'il n'a que très-
peu conservé de cette noble substance, circirculant dans les
veines des généreux et bons anciens. On a vu partout les individus du tiers, habitans, bourgeois, bien mériter de la patrie,
lorsqu'en tems de dangers, il s'est agi de la défendre. Et lorsque les calamités de la guerre se font sentir, sur qui tombent
les plus forts impôts ? Quels sont ceux qui contribuent le plus,
et qui supportent les plus grandes charges pour le bien de l'état ?
est-ce la noblesse ou le tiers ?

C'est malheureusement parmi les grands de l'Allemagne qu'on
rencontre le moins d'amis de la patrie ; nos dames surtout paroissent mettre leur gloire à singer les étrangers, à mépriser
les indigènes. Le génie des femmes Allemandes de l'ancien tems
jette un regard de pitié sur elles et sur la troupe de petites maîtresses dont elles sont les copies ; elles corrompent les mœurs
nationales par leur exemple, et l'on a vu dans la classe mi-
toyenne, et dans les classes inférieures, les plus honnêtes filles
Allemandes gâtées par la contagion du bon ton des grands, et
par la pernicieuse influence des modes et du théâtre.

Nous avons néanmoins encore de bons ministres, de bons
baillis, même de bons princes, honnêtes gens, vrais philan-
tropes, cherchans le bien, exerçans la justice comme un devoir
sacré, —— mettans leur grande ambition à rendre leurs peuples
heureux, qui, aussi inébranlables que le rocher au milieu de la
tempête, maintiennent l'état, protégent les arts paisibles, qui sous
l'influence de l'amour de la patrie, propagent la liberté, la
religion, et qui abhorrent enfin l'hydre de la tyrannie. L'anniversaire de ces princes est célébré par le peuple comme une
fête sainte et solemnelle. Ils appartiennent aussi à cette associa-
tion invisible et sacrée, qui travaille dans le silence à opérer la
régénération du genre humain par la morale pratique. Leurs noms
sont écrits dans le livre des récompenses éternelles.

Mais une grande partie de nos souverains spéculant sur la
bourse du peuple, protégent le militaire préférablement à tout
autre état ; celui du citoyen paisible et borné aux soins de l'économie est méprisé. Le lien délicat qui unit le prince et le sujet
est si facilement rompu ; plusieurs d'entre les premiers ne s'oc-
cupant que de la guerre ou de la chasse, deviennent farouches,
intraitables ; je connois un prince qui, en peu d'années, a sa-
crifié cinq millions uniquement pour la chasse, laissant pour cet

objet les meilleurs champs incultes, sans s'embarrasser des souffrances des paysans, là où la chasse reservée est le principal
plaisir des princes.

Combien telles villes allemandes, combien telles contrées,
autrefois si florissantes, ont perdu de leur vie, de leur beauté; combien ne rencontrons-nous pas de ruines, de la grandeur, de la magnificence, des richesses d'autrefois! Maintenant
les oiseaux de nuit qui fuyent la lumière, se nichent dans tant
de grandes villes, où le sage, le prudent citoyen, est repoussé
à l'écart, ou disparoît tout-à-fait; car l'étourderie a remplacé
la bienséance; l'intolérance religieuse produisit la pauvreté, la
petitesse d'esprit, la stupidité. —— O Dieu! tu dois enfin jetter
un regard de compassion sur ces pays, et après tant de ténèbres, y faire luire la clarté du jour.

Qui oseroit encore, pour peu qu'il ait de droiture, s'étonner de la révolution? L'honnête homme espère que le tems,
actuellement travaillé par les douleurs de l'enfantement, accou-
chera dans peu d'événemens qui feront l'étonnement des tems
présens et avenir. —— Quel esprit de liberté s'est éveillé presque
chez tous les peuples; que de grandeur, que de magnanimité
dans le langage digne des anciens Romains, qu'ont tenu les
Polonais, les Américains opprimés, et les Français! —— Vou-
lons-nous être libres, que tous les hommes le soient, afin que
notre liberté soit sous la garde de tous; comme nous ne com-
posons qu'une famille; nous devons avoir l'Europe entière pour
patrie. Hommes de la Suisse, de la Bretagne, du Dauphiné,
du Nord, du Sud, faisons consister notre gloire à être républicains; vôlons au secours de chaque peuple assez énergique
pour vouloir briser ses chaînes; lorsque ce sentiment patriotique, ce feu brûlant de liberté, cette harmonie, qui, déja se
sont montrés si puissamment chez les Français, se déploieront
avec cette même ardeur, cette même universalité chez tous les
peuples; alors l'Europe sera sauvée; oui, —— alors le monde
entier ne sera qu'une famille. *Ce n'est que par la concorde que
peut s'acquérir le riche trésor de la liberté!* Mais toi, ô Germanie! toi, —— indécise encore, tu dis: je reste neutre jusqu'à
la maturité du raisin, jusqu'après toutes les récoltes. C'est ainsi
que sous une apparente froideur tu contemples ce grand combat; mais sous cette enveloppe, le sentiment sublime de la
liberté agite ton ame, tu n'as point oublié que tes ancêtres
furent libres. Il te reste encore, ô Allemagne! des monumens
de ton ancienne grandeur nationale! Homme de l'ancienne trem-
pe allemande, sur lequel Hermann et Luther jettent avec dé-
lice leurs regards, rappelle-toi qui tu étois, ce que pourroit-
être l'empire Germanique! —— Un faisceau de flèches qu'aucun
Hercule ne pourroit rompre sur ses genoux d'airain, si animé

du sentiment de la liberté, tu voulois une fois l'embrasser avec ardeur. O! que seroit-ce alors? Mais, maintenant notre législation, notre constitution ressemble à un orgue, composé d'un grand nombre de jeux et de modulations diverses, lorsqu'on met les soufflets en mouvement, il en résulte une musique semblable à celle des hurlemens des chiens et des loups.

L'administration de la police dans la plupart de nos villes, de nos provinces, s'exerce de manière à couvrir d'opprobre le nom allemand. —— Nul esprit public ne s'y remarque plus, aucune popularité, point de stabilité dans l'observance des loix de l'Empire (1). —— Mais par tout le pouvoir militaire en activité, pour réprimer ou punir quiconque voudroit remuer, ou quiconque ne bénit pas ses oppresseurs. Où se commettent de plus cruelles injustices que chez nous? Quelle pédanterie, quelle petitesse d'esprit! Que d'ambiguité, de longueurs dominent dans tous les traités publics! (Voyez Rastadt.) Quelles riches moissons ne trouvent pas chez nous les raisonneurs, chicaneurs, cabaleurs? Dans quel endroit de l'Allemagne retrouve-t-on des traces de cet air majestueux, austère, modelé sur Dieu même, et qui caractérisoit l'antique justice Allemande? Il n'est pas jusqu'au moindre manœuvre et soldat, rassemblés dans les tavernes, le verre en main, qui ne raisonnent, ne discutent, ne se fâchent, quand il paroit quelques nouvelles ordonnances, et qu'ils voient les choses aller si mal chez nous.

Qu'ont fait depuis nombre d'années pour le bien-être de l'Allemagne les états de l'Empire, la chambre impériale, leurs hautes puissances du conseil aulique? Dans les guerres avec d'autres états, les vaillans allemands restèrent comme épuisés, à leur place, et les états germaniques, toujours lents dans leurs conclusions, et toujours en contradiction réciproque dans leurs vues et dans leurs plans, les énervent jusqu'au sang et jusqu'à la moëlle.

La diète Germanique où la parité, rétrécit déja l'horizon et ferme l'avenue aux rayons bienfaisans de l'aurore, afin qu'ils n'éclairent pas les états, a pour caractère distinctif, l'inactivité. —— Une apathie inconcevable y domine, quand tout l'empire Germanique est presque au bord de l'abime, les affaires les plus intéressantes concernant le bien public, la sûreté nationale sont traitées avec une lenteur rebutante, souvent même

____

(1) La plupart des Allemands portent l'indifférence pour la constitution Germanique, à un si haut point, qu'en 1787 ils auroient préféré voir les Turcs aux portes de Vienne. J'ai sous les yeux une feuille imprimée qui confirme ce fait.

B 3

point discutées, ou politiquement évitées, et malgré toutes les
provocations de l'esprit national Allemand, tout reste tranquille.
— Oui, un sphinx politique paroit nous tendre des embûches
et s'amuser éternellement à nos dépends ; et les oiseaux de nuit,
tranquillement nichés dans l'antique constitution allemande,
dédaignent la lumière.

Pour que les générations futures connoissent le despotisme
inoui qui pesoit sur nous lorsque la révolution Française éclata,
et les causes qui pouvoient seules faire naître dans tous les
pays le desir ardent d'un changement, d'un nouvel ordre de
choses, je tracerai ici le tableau des entraves mises au commerce, et que la pauvre humanité devoit souffrir de la part des
prétendus pères de la patrie, et qui ont tellement diminué l'aisance des états, que l'on voit par tout plus de mendians, de
malfaiteurs, que de citoyens industrieux, laborieux, paisibles
et de bonnes mœurs.

Le commerce le plus intéressant, le plus profitable de nos
jours, est celui de la contrebande ; c'est par là qu'on gagne le
plus maintenant, et voilà pourquoi elle est exercée par tous
les grands commerçans Anglais, Hollandais, Espagnols, Por-
tugais, Français, Allemands ; dès qu'un article de commerce
est sévèrement prohibé, il devient l'objet des spéculations
d'une centaine d'individus ; ce petit nombre gagne seul ; mais
les fabricans, les gens laborieux, qui cherchent à gagner leur
vie, et qui composent la plus grande partie du public, perdent
infiniment à cette défense, qui a rehaussé de plus de moitié
le prix de toutes les marchandises. Quelques grandes villes de
l'Allemagne avoient mis un impôt de vingt-cinq pour cent sur
toutes les laines, les soiries, le lin, et elles avoient complet-
tement prohibé l'exportation de quelques autres marchandises ;
les contrebandiers en faisoient leurs affaires ; dans d'autres endroits l'importation du tabac étoit défendue, quoiqu'on ne pût
en avoir de bon dans les fabriques du pays ; ainsi l'on forçoit
par cette défense à acheter de la mauvaise marchandise, et
cela parce qu'on avoit formé sur cet article un privilège exclusif
ou monopole appartenant au prince.

Les états Autrichiens et Prussiens se distinguoient en Allemagne par les limitations données au commerce ; c'est là que
les tourmens sans nombre de l'inquisition douanière, et les
visites de toute espèce n'ont aucune borne. Par là de grands
souverains ont anéanti dans leur état des foires autrefois très-
célèbres : ainsi Francfort sur l'Oder, Botzen, Vienne, ne sont
plus que l'ombre de ce qu'elles ont été. La Saxe qui sût avec
sagesse mettre à profit la folie de ses voisins, s'éleva, et pût
consolider promptement les plaies que la guerre de sept ans lui
avoit faits. Malgré ses mauvaises routes, sans marine, n'obte-

nant rien que par voiture, elle se vit cependant à même de
défier tout le reste de l'Allemagne, et de pouvoir lui demander,
où voit-on plus de commerce, où trouve-t-on plus d'argent que
chez nous ? —— La pauvre Prusse, au contraire, avec ses fabriques artificielles, et ses douanes, ne jette qu'une foible lueur.
—— Les ignorans et les flatteurs, qui entourent les princes,
leur donnent l'assurance que le nouveau système de commerce
et de douane augmente l'aisance nationale, rien n'est si faux.
Joseph II voulut aussi à cet égard imiter Fréderic, et l'Autriche
a infiniment perdu, en amour patriotique de ses sujets, et en
vraie richesse ; car même les finances, qui entrent par ce moyen
dans la trésorerie des princes, sont sans aucune bénédiction ;
elles passent par les mains infidelles et vénales d'une quantité d'es-
crocs, tandis que la manière simple de percevoir les droits de
douanes, qui est usitée en Suisse, en Hollande, et dans d'autres états où règne encore un système politique véritablement
humain et patriotique, rapporte à l'état, en passant par un petit
nombre de mains, mais par des mains pûres, un revenu légi-
time et considérable ! Mais un des traits qui caractérise notre
misérable existence actuelle, c'est la multiplicité superflue des
employés du gouvernement. Dans tous les états de l'Europe, il
est d'usage de récompenser par des emplois et par une confiance sans bornes les faiseurs de projets et les charlatans. La
plus grande partie des revenus publics tombe dans les poches
des employés subalternes, et la sueur du peuple est perdue
pour l'état, parce que la malédiction y repose et la consume
misérablement.

La part active des grands seigneurs dans les affaires de commerce et d'industrie de leurs sujets, est non-seulement trop
tendue, mais elle tient encore au despotisme Turc et à celui
de l'inquisition ; c'est la honte du siècle qu'il existe encore en
Europe, précisément parmi les états civilisés, les plus grands
tyrans privilégiés.

Je comprends par là la tourbe des monopoleurs, régisseurs,
commis et espions de douane ; on prétend assurer par eux
l'aisance nationale : c'est à-peu-près confier la bergerie à la garde
du loup. Comme des animaux de proie, ils rongent la moëlle
du pays, ils vivent de la sueur de la classe laborieuse, et tour-
mentent tout ce qui les approche. Ce n'est point assez que
nous soyons écrasés par le système et par le pouvoir militaire,
nous devons encore, pour conserver notre misérable vie, sacrifier en soupirant toutes nos franchises de commerce et d'industrie. Il faut que les princes rafinent sur les moyens d'augmenter leurs revenus, parce que des gouvernemens arbitraires
exigent plus de dépense que tout autre. Fréderic II a légué à
l'Allemagne, avec la puissance militaire, des biens qui autrefois

nous étoient inconnus, tels que le monopole, l'accise, la régie (1); ce prince fut le premier qui établit en Allemagne l'usage Français, d'affermer les revenus publics, système infernal, qui a produit la ruine et la révolte du peuple chez lequel Fréderic l'emprunta. —— Car Colbert, le célèbre Colbert, en fut l'inventeur, et selon moi l'auteur d'une telle invention, et celui de la guillotine, sont au même niveau. Ce fut le même Colbert qui mit à l'ordre du jour la contrebande, le commerce limité, le terrorisme des commis de péage d'accise, de douane. C'étoient là de puissans avant-coureurs de la révolution; un terrorisme produisit l'autre; et l'humanité n'a peut-être jamais éprouvé de plus terrible calamité que celle que lui a occasionné la terrible troupe des receveurs, visiteurs, inspecteurs des frontières, des côtes, et toute leur séquelle. Leurs ruses innombrables, leur vénalité, leur habileté dans l'espionage, nous a suffisamment prouvé ce que le public, que ces préposés sucent comme des sangsues, a à craindre d'eux, et c'est ainsi que l'ombre de liberté existant encore en Allemagne au commencement du siècle est entièrement éteint : et combien cela ne doit-il pas corrompre le caractère national ! Mais on voit aussi que poussé à bout, il reprend son énergie, repousse la force par la force, et se venge enfin.

" Le despotisme des employés aux douanes est connu, tous ceux qui voyagent éprouvent leurs terribles vexations et sont livrés à ce pouvoir inquisiteur; il n'y a plus que les coquins qui puissent voyager vite et heureusement; mais l'honnête homme à qui la ruse est étrangère, qui n'imagine pas devoir graisser la patte pour obtenir justice, est arbitrairement arrêté et chicané par tout. Les objets de luxe ne sont pas les seuls soumis à cet odieux brigandage; on arrête aussi par de honteuses formalités, et l'on charge d'impôts onéreux des choses de première nécessité, sur lesquelles on devroit mettre des primes pour accélérer leur arrivée dans les pays où elles manquent. J'ai vu décharger devant des bureaux de douane, des productions de la terre, des denrées de premier besoin; les voitures furent arrêtées trois ou quatre jours; on mesura les grains, on pesa le beurre, le lin, le chanvre, la laine. —— Sur les grandes routes où se trouvent les cavernes de ces brigands privilégiés, il arrive souvent à la fois jusqu'à 3 ou 400 voitures qui sont arrêtées, sans que les voituriers puissent trouver

---

(1) Il y a quelque tems qu'un voyageur fut mis en prison à Berlin, et contraint à payer 1500 écus, parce qu'un commis avide trouva quelques jeux de cartes dans sa malle. Oh! la bonne liberté allemande! ô! Muller, histoire de ma captivité.

d'eau, d'écuries pour leurs chevaux qu'ils se voient contraints à nourrir et à coucher sur le grand chemin ; j'ai vu dans d'autres endroits ouvrir, en les déchirant, des ballots de marchandises les plus précieuses, le plus soigneusement empaquetées, les sonder avec des crochets de fer ; jetter les caisses, les malles à bas des voitures, comme auroit pu le faire une bande de voleurs. —— Mais en voilà assez, il n'est nullement besoin chez nous d'achever l'horrible tableau du plus effrayant despotisme, on n'a qu'à l'indiquer, tout le monde connoît cette furie ".

Il n'est pas étonnant qu'assujettis à des vexations aussi inouies, le commerce languisse ; qu'il se fasse d'énormes banqueroutes ; que la pauvreté s'accroîsse d'une manière effrayante dans les états commerçans, et que les brigands, les vagabonds, les débiteurs insolvables de notre Allemagne, aillent peupler les autres parties du monde, comme l'Amérique, dont les Colonies sont principalement composées d'Allemands.

Ce qui a contribué encore à augmenter la misère de la plus grande partie des citoyens, c'est l'esprit de fabriques, venu de l'Angleterre, et qui est dangereux, parce qu'elles ne donnent des richesses et de l'aisance qu'à quelques familles, qu'elles diminuent la bonté des marchandises, et que l'usure exercée sur les objets de fabriques par les ministres, et par le luxe des grands, a appauvri le citoyen. —— Sully ! Colbert ! quelle différence, entre le père du peuple (Sully) et l'ami des manufactures (Colbert) (1).

Et cependant l'ancienne liberté républicaine des villes Anséatiques, des états de la Hollande et de la Suisse, peuvent nous apprendre que la liberté est mère du bien être et du bonheur du genre humain ! Puissent tous les peuples, tous les princes qui se croient pères de leurs peuples ! puisse toute la race humaine reconnoître enfin que sans toi, divine liberté, la félicité des états, leur force, leur puissance, ne sauroient avoir de durée ; et qu'aucun bonheur, aucune aisance, ne peut exister pour les nations qui ne te possèdent pas. La Hollande, la Suisse, les villes Impériales, sont des exemples qui prouvent qu'aussitôt que de honteuses chaînes furent brisées, les champs les plus riches, les plus agréables pâturages, sortirent tout-à-coup des dents de l'ancienne barbarie ; le cultivateur, dont auparavant les travaux suffisoient à peine pour satisfaire la rapacité d'animaux de proie, avides de ses sueurs, ne travaille plus que pour lui-même, pour sa femme, pour ses enfans. Les campagnes

---

(1) Sully protégea l'agriculture, la liberté du commerce, la marine ; Colbert, au contraire, répandit surtout le souffle impur et venimeux de son génie monopoleur.

furent cultivées ; les champs nouvellement défrichés, et verdoyans, promettoient d'abondantes moissons. Les villes Impériales commerçoient, des inventions utiles, de sages spéculations, en augmentoient les richesses et l'activité ; c'étoient des fourmillières dont on voyoit sortir et rentrer des ouvriers sans nombre, y portant la nourriture et des trésors. Là rétentissoit le bruit de tous les métiers, de toutes les professions utiles. On y voyoit la foule se porter aux magasins publics, aux douanes ; les voiles de cent vaisseaux se jouer au gré des vents ; tout agissoit, commerçoit, se mouvoit librement et sans entrâves, pour acquérir les richesses, la puissance, la liberté ou le plaisir. On y exerçoit une excellente police, de riches fondations pour les étrangers, pour les pauvres, pour les veuves, pour les orphelins, s'y trouvoient réunies. Oui, l'on pouvoit dire alors que la piété étoit dans nos villes, la justice dans nos portes. —— O patrie ! puisse la sainte liberté faire de nouveau reluire pour toi ces douces jouissances.

Mais maintenant avec toutes nos gardes, tout notre appareil militaire, plusieurs de nos villes sont semblables à un magasin à poudre, où la plus légère étincelle peut occasionner une explosion.

C'est ainsi que se brisent aussi les républiques, le bonheur ne peut y exister si l'esprit d'harmonie, de philantropie, n'y domine ; ce n'est qu'autant que les mœurs y sont bonnes qu'on peut y faire un usage raisonnable de la liberté ; lorsque la concorde y manque les monarchies sont préférables, parce que l'individu y trouve plus de sûreté pour sa propriété, un plus libre exercice de ses talens, et que son tems n'est pas englouti par le tourbillon politique.

Je préférerois, sans hésiter, la société des loups et des renards à celle d'une république toujours en fermentation, dans laquelle des citoyens remuans, chicaneurs, contribuent euxmêmes à la ruine de l'état, où chacun ne pense qu'à soi ou à sa famille, où les loix fondamentales sont foulées aux pieds, où des factions s'élèvent, se déchirent, où la conscience et l'honneur sont bannis, et où les assemblées populaires n'ont d'autres résultats, que de mettre toutes les passions en mouvement et de conduire l'esprit public au-devant de la tyrannie. —— Que peut-on espérer, en effet, lorsque personne ne sait ce qu'on veut, lorsqu'il n'existe plus de cœurs pûrs, et lorsqu'on déforme, réforme & réforme encore et si longtems à l'état, jusqu'à ce que tout en soit défiguré ou renversé, et qu'alors le génie national se levant avec colère, se retournant avec indignation, s'écrie :

Cet état doit tomber en ruine.

C'est pourquoi, ô vous Républicains! n'accordez point aux serviteurs des princes le triomphe de pouvoir dire, qu'ils sont plus heureux que vous; un brave républicain abhorre toute faction: —— ne mettez point votre appui dans les puissances étrangères; mais que Dieu, que votre bonne cause, soient les objets de votre confiance; car le Directeur céleste de l'univers a toujours protégé l'homme loyal et courageux, tout peuple libre est bon. Aucun danger n'étonne celui qui ne respire que pour la patrie et pour la liberté; fort par lui-même, il l'est encore par la protection et l'approbation de tous les esprits célestes.

——Mais où voit-on maintenant une ancienne république qui s'élève et s'enracine sur de tels principes? Hollande, Suisse, Venise, Gènes, et vous, villes dites libres impériales, qu'étiez-vous dans votre jeunesse, dans votre virilité? Quels changemens a opéré sur vous le laps du tems? Avez-vous, par une généreuse émulation, augmenté ou diminué vos droits, votre héritage, votre honneur national, et la gloire de vos pères? Car il faut ou monter ou décheoir.——Hélas! l'influence meurtrière du tems, de l'envie, de l'orgueil, de l'intérêt, de l'égoïsme, a dévoilé votre foiblesse!

Cependant on entend encore chez vous résonner de toute part les mots patrie, liberté, indépendance, bien général; mais on voit que chacun se ménage lui-même en cherchant à rabaisser et à opprimer ceux dont la façon de penser est véritablement grande et généreuse. La discorde secoue effroyablement ses ailes destructives, voltige actuellement sur plusieurs pays libres, et dit, en ricanant: *Omne regnum in se divisum desolabitur;* chaque empire divisé avec lui-même deviendra désert.

L'esprit de parti, qui de nos jours paralyse tout, s'est glissé parmi vous; de là l'indécision et la mobilité de vos résolutions; nous avons des hommes d'état toujours occupé de la métaphysique politique, sans jamais agir. Qu'elle se rende méprisable et misérable par cette inactivité des nations grandes autrefois. Indignes d'illustres ancêtres, nous n'avons rien fait pour notre liberté; mais l'époque où nous serons criblés comme le grain, s'approche de plus en plus.

Que d'états monarchiques ou républicains trouveront dans la description suivante le tableau de la fin de leur carrière.

Il fut un peuple qui s'appelloit ****; il produisit des peuples valeureux; il fut toujours excellent et brave; et il compta beaucoup de grands hommes dans son sein; mais ses derniers descendans furent des êtres mous, des têtes foibles. Egarés par des passions féroces et impures, énervés par le luxe, la discorde, er qui creusèrent tant avec la bêche et la pioche aux bases sur lesquelles reposoit l'état, qu'ils ouvrirent eux-mêmes l'abime où s'engloutit leur patrie. (Ecrit en 1789.)

L'homme qui pense en esclave, mérite de l'être.

Jettant ensuite un coup d'œil sur la Suisse, le Voyant la contemple avec l'enthousiasme de l'approbation; voici ce qu'il en dit, en 1788: Tandis que tous les autres états de l'Europe sont arrachés de leur assiète, comme de petites isles errantes sur les flots, l'heureuse Helvétie est encore un paradis terrestre. Toutefois un repos aussi amollissant peut leur rendre salutaire, l'avis d'Aristote: *Le sommeil, l'inaction, énervent la bravoure et affoiblissent le sentiment de la liberté.* Un honnête homme leur avoit conseillé d'établir une école nationale, et de perfectionner leur militaire. — Il leur a dit, mais trop tard: — " C'est avec dignité qu'on
„ se prépare aux grandes actions; il faut avant tout bannir
„ d'entré nous l'inexprimable légéreté, le luxe et le goût
„ d'amusement qui y règne! Pourquoi tant de peine pour
„ transformer des hommes en poupées? L'élégance sans
„ but qui commence à se glisser aux revues et dans les
„ camps, dans l'uniforme, les cheveux, la tenue des sol-
„ dats, est la plus mordante satyre à faire de guerriers
„ républicains; que les femmes Suisses se gardent aussi,
„ par une imitation peu honorable des mœurs et de la mo-
„ lesse étrangère, de dénaturer les mœurs helvétiennes ".
— C'étoit dit, mais à des hommes sourds: ainsi la Suisse, comme tant d'autres pays, est aussi dans son période de changement!

Patriotisme! combien ce grand mot a déchu de son acception primitive! L'on frémit en voyant ce beau nom employé par des hommes injustes et pervers, pour fouler aux pieds les plus excellens principes de la liberté; à la honte du vrai patriotisme, des gens gagés et faux contribuent à la ruine de la patrie, tout comme les despotes; enveloppant leurs principes de sophismes brillans et trompeurs, ils les répandent dans le monde en style léger et coulant; et c'est ainsi que de nos jours le faux zèle pour la patrie et les fausses lumières exerçant leur rage assassinent et empestent toute la société humaine.

Lorsqu'on observe l'homme fouillant la terre, et qu'on jette les yeux sur la condition des grands, le monde paroît une grande lanterne magique où l'on voit d'immenses armées toujours en mouvement, menaçant d'écraser l'Europe comme on écraseroit un vil reptile; d'autres qui se ruinent par l'inaction. Des flottes tout-à-fait détruites ressortent du sein des mers, des montagnes en travail d'enfant, accouchant d'une souris, des embryons politiques, des géans et des nains, de belles formes et des monstres, moitié hommes, moitié démons, l'air du mystère sur la découverte d'un nid d'oiseaux, le tout paroissant et disparoissant dans une vapeur bleuâtre, et faisant illusion à l'observateur le plus attentif.

Telles étoient à-peu-près les choses dans le tourbillon politique, lorsque tout-à-coup l'éclat foudroyant du tonnerre fit retentir le globe, et la révolution de France parût, et déconcerta les idées qui, jusqu'à nos jours, avoient passé dans les têtes des spéculateurs politiques; cette apparition est si différente de tout ce qu'on a vu; elle est si unique dans son espèce, qu'on la croiroit descendue du ciel, et qu'elle étoit bien capable de déranger et de renverser les systêmes de tous les astrologues et de tous les devins diplomatiques. Allemagne, excellente Allemagne! Que pourrois-tu devenir, et qu'es-tu maintenant? Par la timidité de tes gouvernans tu es enveloppée d'ombres épaisses; l'Allemand n'a plus de patrie; quel éclat jettoient sur tes anciennes anales, tes villes florissantes, ton commerce, ton active industrie, ta probité nationale; et l'on te voit maintenant sans vigueur et sans vie, errer mélancoliquement, comme les spectres autour des monumens immenses de ton ancienne grandeur. —— Que de courage, de loyauté, de bonté, caractérisoient les gouvernans; quelle honnêteté, quelle intégrité chez tes citoyens, de quel bonheur on jouissoit dans ton sein; tes princes mêmes avouoient préférer l'état de simples bourgeois allemands à celui de gentilshommes dans l'étranger. Et où trouveroit-on, en effet, des hommes qui fussent plus cordiaux et meilleurs?

Mais, ô Allemagne! avec quelle rapidité tu t'es meurie à l'esclavage, tu n'entends plus la voix de tes meilleurs amis. Qu'il soit maudit cet esprit de parti, première cause de nos divisions; il n'existe plus chez nous d'harmonie nationale, plus d'union patriotique, nous sommes nous-mêmes nos plus grands ennemis. A quoi nous a servi la protection des grands? La nation Allemande a remis l'exercice de ses droits dans des mains oppressives; et il n'est plus de résistance contre le pouvoir. Nous ne sommes plus regardés par nos empereurs, nos souverains, comme peuple Allemand, comme enfans de la maison; les prérogatives, les privilèges de la naissance ont englouti nos droits; au lieu d'agir pour un but uniforme, les diverses provinces de l'Allemagne, semblent travailler à se forger réciproquement des fers, et à repousser la fierté nationale prête à se réveiller. O tems! accélère ta course, pour avancer l'heure où nous serons enfin pénétrés de ce grand sentiment, qui fait un seul homme de toute une nation, et par lequel une seule voix se fait entendre. Oui, nous voulons être Allemands, nous voulons donner à l'état notre or, notre argent; nos femmes, renonçant à leur frivolité, emploieront leurs pierreries à solder les guerriers qui combattront pour la patrie; rien n'est à perdre; tout est à gagner.

(Un patriote hardi, disoit dernièrement : je consentirois à ma damnation, si ma patrie étoit heureuse. —Quel zèle! quel exemple! La plume m'en tombe des mains, et je me prosterne devant un homme qui posséde cette vertu Romaine, ou cette ancienne vertu Allemande.)

Esprit de nos ancêtres! Jettez vos regards sur vos indignes neveux; vous nous criez de la sphère étoilée: il est tems que vous vous éleviez, et que la postérité apprenne de vous que vous aussi vous fûtes là.

Celui qui n'éprouve pas son existence avec la marche de tonnerre, d'une vie en pleine vigueur, n'existe qu'à demi.

ÉTAT DES MŒURS DE L'EUROPE.

Le tableau que nous avons donné de la manière dont les états policés de l'Europe sont gouvernés, présente la mesure des soins qu'on y a pris concernant la plus importante affaire de l'homme, celle de la culture et du développement de ses facultés intellectuelles et morales, et la postérité reconnoîtra dans les caractères suivans la lueur de l'éclair.

Nous sommes profondément déchus, — oui, profondément déchus ; notre siècle n'a produit que des ames ordinaires, on trouve à peine entre mille de celles-ci une bonne tête, et l'on voit plus rarement encore le génie mis en pratique.

La grande partie de la classe supérieure, prétendue plus éclairée que les autres, ne produit dans son engourdissement et sa petitesse d'esprit, que des discours, des vanteries sans action, beaucoup d'écrits insignifians, de bruit sans effet, avec un polissage perpétuel dans les formes extérieures, elle n'a que de petites vues, de mince conception, peu de cœur, peu de sentimens ; toutes ses opérations consistent en coups fourés, en échapatoires sans but, en grands préparatifs, en dépenses ruineuses, sans énergie, sans persévérance ; elle forme des plans gigantesques sans avoir le courage de les remplir, temporise lorsqu'il faut agir, et se traîne timidement autour de la périphérie, au lieu de se précipiter dans le centre du cercle. — Tels sont les symptômes qui paroissent malheureusement être les signes du tems, et avoir été produits par le plus fâcheux des engourdissemens dans les nerfs de l'état ; car qu'on observe combien les grands sont de mauvais appréciateurs en vrai mérite. — Je connois des histrions, des musiciens, dont les talens frivoles sont payés au poids de l'or, tandis que des gens à talens utiles, profondément instruits dans les sciences les plus importantes, n'ont pour vivre que quelques cens écus d'appointement, et combien ne voit-on pas aussi d'emplois donnés à la basse et rampante adulation !

Quelle idolâtrie n'est pas exercée avec les arts et les sciences ! L'esprit économique ne s'apperçoit plus, la simplicité, la grandeur tranquille, vrai caractère du sublime, ne se retrouve dans aucun chef-d'œuvre moderne, et plus rarement encore la vraie bonté du cœur ; la plus grande partie des ouvrages de nos écrivains modernes sur les beaux arts ne respirent que les vapeurs subtiles de la métaphysique. Les appartemens des grands sont décorés par les peintures les plus obscènes, par des nudités en statues, les musées, les maisons de plaisance, les jardins pu-

blics, sont des temples d'impudicité, et les bibliothèques, le
coffre fort de Lampsaque et d'Epicure; par tout ce n'est que
corruption et culte idolâtre rendu au luxe. Quelles sommes immenses s'emploient à de tels objets, tandis qu'à côté des bâti-
mens riches et somptueux qui les recelent, le sujet nécessiteux
et le pauvre citoyen ont à peine de quoi se vêtir, se nourrir,
se loger, et de quoi appaiser la faim de leurs malheureux enfans,
—— et cependant les flatteurs s'écrient : —— oui, notre souverain est un homme de goût, un connoisseur des arts, un ama-
teur du beau, du sublime ! un vrai protecteur des sciences !

Pour satisfaire la sensualité, il faut aussi rassembler les productions des quatre parties du monde, ce qui vôle, ce qui rampe,
ce qui nage, ce qui excite ou réveille les sens, ce qui ruine la
santé; —— l'ancienne simplicité, économie, cordialité, qui
régnoit chez nos bons ayeux est ridiculisée. —— Le riche met
à contribution le monde entier ; c'est pour lui qu'on extrait de
mille corps, les sucs et les huiles, que toutes les vapeurs odori-
férantes exhalent leurs parfums, que l'aromate égoûte sa moëlle,
que pétillent les liqueurs spiritueuses, que s'apportent en Europe
les épices des Indes, et que pour fournir sa table se rassemblent
de toutes les contrées ces animaux sauvages et privés; ces dépenses accroissent l'usure; l'égoïsme le plus honteux détruit
notre bonheur national, et l'intérêt, et une fausse politique,
anéantissent ce qui existe encore de bonheur dans l'état.

Quelques immenses revenus qu'aient les souverains et les
grands, les soldats et le luxe les absorbent, de manière que
l'augmentation des impôts, les monopoles, les privilèges et
l'oppression du tiers état sont à l'ordre du jour; telle est la
cause qui réduit le particulier à la misère, et comme si l'on
vouloit encore insulter au malheur public, on établit des lote-
ries, vrai moyen d'exprimer les dernières goûtes de sueur et
de sang du pauvre; —— oui, les accises, les impôts, les douanes, les défenses d'importations, sont à leur hauteur dans ces
tems d'humanité.

Mais ces vexations sont protégées par les discoureurs et les
flatteurs qui entourent les grands. L'empereur Joseph avoit offert
un prix de 100 ducats pour la meilleure réponse à cette question, *Comment l'usure peut-elle s'imposer ?* Il se trouva des
gens assez lâches pour prendre sa défense; aussi, de son trône
infernal, Belzébut doit triompher en voyant son influence et
ses succès sur la terre; car, dès longtems la voix des pauvres
affamés se fait entendre, criant, dans notre riche Europe :
O ! père de tous les hommes, envoie de meilleurs tems, afin
que nous ne succombions pas aux tentations que peut donner la
misère.

Depuis vingt-cinq ans les choses en sont venues au point
qu'il

qu'il n'est presqu'aucune famille qui puisse se tirer honnêtement d'affaire ; de là tant de découragement, de tristesse, de mélancolie, aboutissant au désespoir; de là le besoin pressant d'une révolution.

Tantôt vêtu de pourpre, tantôt sous les habits d'un magistrat, d'un receveur, d'un juif, d'un paysan, l'usurier paroît sous tous les costumes ; il s'en trouve même dans le sacerdoce ; car il est des prêtres qui, plus attachés à l'or qu'à la vérité, n'ont de zèle pour leur culte qu'en raison des avantages temporels qu'il leur rapporte. On retrouve le même abus dans l'administration de la justice, le juge a souvent plus à cœur de tirer profit du crime, que d'empêcher qu'il ne se commette. —— Ainsi nous avóns entre nos préposés, entre ceux qui nous enseignent, et entre nos juges, assez d'individus, qui nous cachent artificieusement la lumière, qui mettent dans notre chemin des œufs de basilics, que font éclore ensuite la grande quantité des flatteurs.

Séduit par de fausses impressions, le cœur de la jeunesse est gâté de bonne heure ; ainsi en donnant l'aumône on se glorifie de bienfaisance, de compassion et de bon cœur, tandis que ceux qui donnent une légère aumône de quelques florins ou de quelques sols, trompent et exercent sur tout le public l'usure la plus criante, et que pour l'intérêt ils sont capables de toutes les bassesses. De tels avares, de telles sangsues, mériteroient la punition qu'un Indien fit subir à un Espagnol, en lui versant de l'or bouillant dans le gosier, et en lui disant ces mots : tiens, avale ton Dieu ; comment peuvent-ils prétendre au nom de chrétiens ? Et celui qui par son sang nous l'a acquis, ne leur dira-t-il pas, allez, que chacun de vous serve son idôle, mais ne déshonorez plus mon nom à l'avenir.

L'imprimerie a beaucoup contribué aussi à accélérer les progrès de la corruption ; on ne peut en douter si l'on se rappelle combien, malgré toutes les censures, il a paru d'écrits déshonorans pour l'humanité dans les trente dernières années. Et comment dans notre Allemagne si honnête, si pieuse, si décente, si respectable, nos gens de lettres, nos génies, ont répandu les semences les plus dangereuses, ont défendu ou pressé toutes les espèces de dissolutions, se montrant les apologistes de toutes les sortes de luxe, de toutes les espèces de libertinage, et de tous les sarcasmes lancés contre la religion ou la morale, et ont enfoncé par là un poignard venimeux dans le cœur de nos enfans et de nos petits enfans. Qu'on se rappelle toutes les rêveries des Pédagogues, tous les systémes, tous les projets d'éducation, le mépris prononcé qu'on avoit pour les anciens, la manie de lecture poussée au plus haut point, qu'on se rappelle cette troupe infernale de démons, attachant aux

C

pótences de la critique tout ce qui n'étoit pas frappé à leur coin.
Qu'on se rappelle les cabales, les complots de la légion des ré-
dacteurs et des bavardeurs journalistes. O patrie! patrie! si des
hommes remplis d'amour pour la vérité, la religion; si des savans animés d'un zèle patriotique, des hommes doués de la
bonté du cœur et de l'esprit, des hommes qui, remplis d'énergie dans leurs actions, dans leurs discours, prouvèrent un dé-
sintéressement sans exemple en publiant leurs ouvrages; si de
tels hommes doivent être bafoués des méchans, où prendra-
t-on le courage de t'aimer, de te servir, de vivre, d'écrire,
d'agir, de répandre son sang pour toi?

C'est dans les académies, dans les écoles scientifiques que se
trouvent particulièrement les enthousiastes de cette polémique
qui paralyse l'esprit, et des subtilités métaphysiques qui l'égarent.
—— Minerve a presque disparu de dessus la terre, on n'apperçoit plus d'elle que sa chouette; un homme de bon sens ne
comprend plus les savans; ils veulent être sublimes, et leurs
discours, leurs écrits, ne sont que boursoufflure, *non sens*,
galimathias. Le langage simple et judicieux de la raison est entièrement corrompu, les philosophes allemands modernes ont un
style si barbare, que tous les prédicateurs, les jurisconsultes,
les législateurs, qui ont été à leur école sont inintelligibles;
mais c'est particulièrement sur ceux qui se livrent aux rêveries
de la philosophie de Kant que paroît reposer la malédiction d'une
inutilité complette; car toutes leurs facultés agissantes étant
paralysées, leur existence est nulle à l'instruction, au soulage-
ment, au bonheur du peuple.

O pauvre Europe! la coignée a abattu ton plus antique chêne,
la nouvelle culture a éclairci tes forêts! —— Tout est si neuf,
si changé, si foible, si rafiné! Les propagateurs de la lumière
lui ont bâti un temple dont les murs sont de glace, et où les
prêtres, ainsi que les adorateurs, sont transis de froid. En un
mot, parce qu'ils se croyoient des sages, ils sont devenus des
fous!

Nos savans actuels parlent plus d'après les autres que d'après
eux-mêmes, ils n'ont puisé leurs connoissances que dans les
livres; les anciens, au contraire, ont tous eu plus de naturel,
c'est donc avec justice que nous les regardons comme des monumens par lesquels nous nous orientons pour sortir de l'étour-
dissement d'une érudition mal dirigée, et qui, par une chûte
rapide nous a conduit à des productions sans chaleur et sans
ame, et à l'affoiblissement physique et moral. De chimériques
systêmes se tournent et se retournent par des savans; ils mettent tout à l'alambic de la froide critique, et s'amusent à con-
templer les exhalaisons de la vérité. Tout au plus s'il s'en trouve
un par-ci, par-là, qui s'attache à la vérité même, à la vérité

pûre toute entière, et qui veuille la faire connoître sans déguisement ou sans hypocrisie. Mais a-t-il alors le courage de la signer de son sang ? Les circonstances, le ton du jour ne l'influencent-t-ils pas ? Sans doute, on voit encore quelques esprits pénétrans et profonds ; mais ils péchent généralement par le cœur, et c'est un des caractères de la corruption générale chez toutes les nations, de là la grande dissolution des mœurs, le relâchement des relations sociales, de la bonne foi. —— La fausseté, la dissimulation, la réserve, sont actuellement entre toutes les classes, et sont le résultat de la dégénération honteuse de celle qui, pour être la première, nous devoit l'exemple, et de celle qui renferme nos maîtres en enseignemens.

ÉTAT DE L'ÉGLISE ET DE LA RELIGION.

Les secousses qui ont ébranlé, à la fin du 18e siècle, la constitution politique et morale de l'Europe, s'étoient faites ressentir dans la constitution religieuse ; comme la première, elle étoit troublée, affoiblie par des innovations et des nouveautés qui menaçoient de leur ruine l'église et l'école; on nommoit clarté ce qui étoit ténèbres, on se glorifioit d'avoir répandu la lumière, et ce n'étoit qu'une lueur artificielle, qui, semblable à l'optique, ne présente pas les objets dans leur état naturel. La hiérarchie expiroit ; mais en nous laissant comme production de ses reins ou comme rejettons de branches coupées, l'incrédulité furieuse, et l'infernale impiété. Autrefois la superstition, en égorgeant les martyrs, procuroit à leurs ames le bonheur éternel; actuellement l'incrédulité assassinant l'ame elle-même, sera maudite par celle-ci, encore dans les flammes éternelles.

Les sources de ces maux sont des études mal dirigées; le peu de cas qu'on fait du vrai et modeste mérite, le penchant à se laisser entraîner par des ombres brillantes mais illusoires, et enfin l'abaissement et le mépris dans lequel sont tombés les sciences, en y destinant des sujets incapables ou privés d'éducation et de bonnes mœurs (1).

L'état actuel de la Religion en Europe annonce de grands changemens, prévus dès longtems par quiconque sait observer les signes du tems, et pressentis par l'homme éclairé qui voit d'un coup d'œil où doit nous conduire le ton des sages à la mode, les sots ricaneurs, l'aveuglement produit par de fausses lumières, les écrits glacés des savans, et l'incrédulité qui rétrécit l'esprit. Quiconque croit à l'Écriture-Sainte, sait que l'esprit de Dieu a dès longtems annoncé les jours actuels et d'autres plus fâcheux encore; les droits de Jehova sont immuables et ses châtimens doivent s'exercer.

En religion comme en politique, le désordre s'est introduit

---

(1) Les bourses accordées par faveur aux étudians, et les êtres flatteurs et rampans qui entourent les princes, ont plus nui qu'on ne le croit à la vertu et à la liberté. Je mettrois dans tous les cabinets des souverains, ministres, conseillers des cours, l'appel de Heinzmanns à la nation Allemande; Berne 1795, si cet ouvrage n'étoit trempé dans le fiel; mais les gens contre lesquels il écrivoit pouvoient émouvoir la bile; et cet ouvrage présente au naturel la malédiction d'écrivains mercenaires, nos héros d'étude et nos étudians mendians!

par manque de sagesse, par l'emportement, la dureté, l'intérêt propre. Des ecclésiastiques, indignes de ce nom, ont fait les plaies les plus profondes à notre patrie, tant par leurs actions que par leurs discours ; en commençant, ils couvroient ceux-ci du voile de la plus roide orthodoxie ; mais aussi-tôt que le ton de l'ironie et du sarcasme fut mis en vogue par les écrivains Berlinois (1) ; on vit ceux-ci l'employer, mordre, tantôt ci, tantôt là, devenir enfin des ennemis déclarés du christianisme, renier le nom de leur divin maître, et répandre leur venin se-crètement et ouvertement contre lui (2), ajoutons à cela leur conduite immorale, leur ambition de s'immiscer dans les affaires politiques ; leur ton impérieux dans la cathédrale ou dans leur chaire, leur orgueil monacal et religieux ; et ces mêmes vices se trouvent chez les protestans comme chez les catholiques ; on voit par tout des individus fourbes, trompeurs, hypocrites, in-dignes du saint ministère qu'ils déshonorent ; qu'y a-t-il de plus déshonorant que la nécessité où se trouve chaque gouvernement temporel de commencer l'exercice de son pouvoir par apprendre à ces ministres de la religion, si avides de nouveautés, quels sont les limites de leur emploi. Où voit-on que Jésus-Christ se soit jamais mêlé du gouvernement temporel ? Où a-t-il commandé à ses disciples de s'en mêler ? L'obéissance, la soumission au gouvernement, la tranquillité, la résigna   , la patience, même sous le sceptre de fer des tyrans ; voilà ce qu'il enseigne ; mais non de s'occuper des affaires du monde propres à distraire les serviteurs de l'église de leurs devoirs, à remplir leur cœur de vanité, d'envie et de l'ambition de do-miner, caractères qui les rendent indignes de prêcher l'évan-gile. Et lorsque les prédicateurs de cette sainte doctrine, fou-lent aux pieds la simplicité qu'elle leur prescrit, se distinguent par leur magnificence, comme cela ne se voit que trop aujour-d'hui (3), qu'ils se livrent à l'agiotage, à la volupté, et qu'ils

---

(1) On en voit des exemples dans l'Algemeine deutsche, bibliothè-que et ailleurs.

(2) L'édit de religion donné à Berlin prouve jusqu'à quel point étoit la dégénération de l'église dans les états Prussiens, puisqu'un tel édit y étoit nécessaire, et toute l'Allemagne, du moins tout ce qui pré-tend aux lumières en Allemagne, se modèle sur Berlin.

(3) La raison pour laquelle la misère est plus grande dans les pays catholiques que dans les pays protestans, est l'oisiveté qui règne dans les premiers, les moines inactifs consument la graisse du pays en don-nant un exemple dangereux ; aussi les fainéans, les voleurs, les trom-peurs y sont en quantité ; les couvens et les institutions, prétendues bienfaisantes, tendent toutes à attirer une multitude d'insectes nuisi-bles, qui rongent comme de la vermine le corps de l'état.

C 3

sont en scandale à leurs ouailles; on devrait leur ôter leurs richesses ou leur robe; car ils déshonorent l'une et l'autre.

(On comprend sans peine qu'il n'est question que des ecclésiastiques qui, dans toutes les églises, déshonorent cette classe respectable, et non de ceux qui en sont de dignes membres, et à qui Dieu et leurs paroissiens rendent justice.)

Passons maintenant à l'église catholique, elle a aussi été frappée, son dôme est ébranlé, une pierre en tombe après l'autre; la puissance de son clergé est tellement tombée en Europe, qu'elle ne paroît plus que par les convulsions de son agonie. Cette violente révolution dans l'église a été préparée par le laps du tems, (et c'est, grâce à Dieu, ce qu'il a fait de mieux); mais l'ébranlement de la France en a accéléré la chûte au moins d'un siècle.

L'église gallicane fut la première qui s'opposa aux prétentions de la cour de Rome, et depuis lors les défenseurs des prérogatives du Saint-Siège furent hués par tout. Sans la France, sans Joseph II, sans la crainte qu'inspiroit la puissance militaire, les rusés jésuites se seroient encore amusés longtems aux dépens de l'imbécillité du peuple catholique; le père Bellarmin disoit: " le peuple catholique Allemand, comme un agneau docile, „ suit la voix de son pasteur, soit qu'elle l'appelle pour être „ tondu ou pour se faire égorger ".

Mais lorsque les évêques Français furent préssés par les états, en 1788, d'accorder quelques droits aux protestans, ils reprirent l'allure monacale, et la reconnoissance qu'ils auroient pu inspirer au vrai philantrope se changea en imprécations contre le gouvernement ecclésiastique, auquel on reprocha, qu'on pouvoit obtenir plus facilement son approbation pour l'établissement de mauvais lieux de toute espèce que pour celui d'une maison de prière.

Mais la vengeance divine paroît s'être appesantie sur le clergé français; les protestans ont vu des temples s'ouvrir pour eux, tandis que les églises catholiques ont été changées en écuries, en magasins, et que beaucoup d'entr'elles ont été démolies pour en vendre les matériaux; on ne peut méconnoître ici le doigt de Dieu, lorsqu'on observe qu'il y a précisément cent ans qu'ils contraignirent les protestans à la plus terrible émigration. Qui pourroit le nier, tout est signifiant dans cette révolution!

Comme il peut être utile de réfléchir aux causes qui ont attiré une juste indignation sur le clergé français, nous allons montrer ici la marche qu'il a tenue lorsque la révolution a commencé; le ministère disposé à protéger la tolérance, voulut accorder aux juifs et aux protestans un diplôme, par lequel dans l'échelle des êtres ils auroient été d'un degré plus élevé que ne l'est l'ourang-outang. Mais à cette proposition le clergé fit retentir son nego, et sa dure enveloppe fut plus impénétrable que ne l'est le marbre au ciseau du sculpteur, et pendant longtems on en auroit encore vainement appellé aux droits de l'homme, si la tyrannie cléricale n'avoit été renversée; car des armées fermoient tous les chemins, et étoient répandues comme des essaims de sauterelles parmi le peuple, consumans la graisse du pays.

L'édit de religion qui parut en France lors de la première assemblée des états, en 1788, se contentoit de mettre au même niveau, les juifs et les protestans, et de leur accorder le droit de sépulture : les juifs obtenoient même d'avantage ; car ils osoient avoir leurs synagogues ; mais tout culte public étoit de nouveau défendu aux protestans, et si l'on rencontroit un de leurs ecclésiastiques en costume, on pouvoit, tout comme avant, l'envoyer aux galères ; on ne leur accordoit qu'une existence légale ; c'est-à-dire, leur propriété assurée ; mais ils devoient payer les impôts pour les églises et pour les écoles catholiques ; ils étoient déclarés incapables de l'administration du plus petit emploi, et quoiqu'on leur accordât la sépulture, parce qu'enfin il faut ensevelir les morts, même pour les vivans ; ils n'osoient cependant prier à haute voix auprès de leurs sépultures.

Le Voyant dit à cette occasion :

" O vous ! bons Musulmans, apprenez donc aux Français
" (1) qui se glorifient de leur humanité, de leur complai-
" sance pour toutes les nations, qui s'imaginent avoir porté
" le premier coup à l'animal de la hiérarchie ; dites-leur que
" leur nouvel édit de tolérance est contre leurs propres princi-
" pes, les droits de l'humanité, l'amour du prochain, et toute
" vraie politique. Montrez-leur que les juifs et les chrétiens
" forment parmi vous une société, qu'ils ont leurs patriar-
" ches, leurs évêques, leurs rabins, leurs églises, leurs éco-
" les, leurs couvens. —— Honte soit aux parlemens, qui n'ont
" pas même voulu enrégistrer un édit si peu favorable, et
" qui répondoit si peu à l'attente des protestans, sous le pré-
" texte qu'il leur accordoit trop. Mais patience, jusqu'à l'arri-
" vée d'un Joseph, qui traira les vaches grasses, et qui en-
" graissera les maigres ".

Tel étoit l'état des choses lors de la première assemblée des

---

(1) Ce n'étoit pas la nation, c'étoit les moines.

états en France ; telle étoit l'impatience que témoignoit le clergé contre les nouveautés ; que d'intrigues n'a-t-il pas fait encore depuis la révolution ; mais ses actions sont pesées ; par tout il est errant, maudit, poursuivi comme Caën après le meurtre de son frère.

RÉVOLUTIONS DES ÉTATS.

IL est dans les décrets du destin qu'il faut que chaque empire soit éprouvé par quelque grand événement, et qu'il enfante avec douleur le colosse de sa force, de sa liberté. —— La Grèce, après l'invasion des Persans, l'altière Rome, après la ruine de Carthage, la Suisse, la Hollande, l'Angleterre, le Nord de l'Amérique, toutes ces Républiques, ont heureusement surmonté leur période sanglante ; toutefois ces révolutions étoient partielles ; mais celle de la France doit étendre ses effets sur tout le genre humain.

Pitt disoit en parlement, au printems de 1788, le 18e siècle avance à grands pas vers d'effrayans changemens, en politique, religion, littérature, qui le termineront ; et il paroit qu'avant que nous écrivions 1800, le monde aura une nouvelle forme. Cette prédiction paroît s'accomplir, quelque résistance qu'y oppose Pitt lui-même.

Le rideau est levé : nous connoissons les maux qu'a produit en Europe une aussi terrible révolution. Toutefois nous donnons encore ici quelques avis contre ces calomniateurs qui veulent persuader aux autres que tout ce qu'on a vu n'est que le résultat de la méchanceté des factions diverses, et qui ne sentent, ni ne voient nulle part, le bras d'un Dieu vengeur, et cela parce qu'ils sont livrés au jugement qui fixe l'endurcissement, et qu'ils voudroient lui livrer le monde entier.

On a vu dès longtems la France donner le ton à l'Europe ; il paroît que dans le plan de la providence, la guérison devoit venir du pays d'où étoit venu le mal ; ainsi la France devoit commencer cette affaire aussi grande qu'universelle, et le coq Gallican devoit donner l'éveil.

Soyez attentifs, ô peuples ! la bigoterie, le luxe, la petitesse d'esprit, dominoient principalement chez les grands ; ils étoient fort au-dessous du degré de lumière qu'avoient leurs peuples, et furent plutôt épuisés que les nations qu'ils devoient conduire ; celles-ci ayant la force qui manquoit aux grands, ont senti le souffle de la liberté ; tandis que ceux-ci, agités par la crainte, par la cabale, travailloient par tout avec leurs flatteurs, au relâchement de la nature ; ils séchent, et personne ne les plaint.

Le visionnaire, dont j'ai rendu les sublimes sentimens, est mort il y a dix ans. La révolution n'avoit pas éclaté encore ; mais il en avoit de grands pressentimens : son langage avoit le cachet de la vérité, et en quittant le monde, en 1789, avec cet esprit prophétique, il dit : " Tel grand empire, dans l'his-

» toire du monde, ne pouvoit être ébranlé par des coups ex-
» térieurs ; il falloit pour le soulever à sa hauteur qu'un trem-
» blement de terre se fît sentir dans son sein. Mais lorsqu'un
» aussi grand corps politique est si violemment secoué qu'il se
» dresse vers ses extrémités, lorsqu'il agit avec une force aussi
» effrayante, et qu'il a encore en lui autant de courage qu'en
» a la France ; c'est alors avec des coups de géants qu'il venge
» les mépris dont ses grands ont accablé le peuple : et jamais
» une nation n'est plus redoutable que lorsque la vengeance,
» lorsque le feu brûlant de l'honneur national, de la liberté du
» peuple, éclate au dedans et au dehors ; alors le génie de ce
» peuple peut du plus haut des cieux, de sa voix de tonnerre,
» appeler et défier tous les autres peuples !... ".

A son cri se lèveront ces politiques arrogans qui veulent tout
diriger ; peut-être aussi ces envieux, qui portent dans leurs
cœurs une ancienne rancune contre la France, voudront saisir
ce moment, parce qu'ils croiront cet empire à son plus haut
période de foiblesse. —— Mais alors, ô alors ! se livrera une ba-
taille comme il n'en fut encore jamais. Les royaumes seront dé-
truits par les royaumes, les nuages s'entr'ouvriront aux éclairs
de la discorde, le flambeau de la révolte, agité dans le brouil-
lard fumant, embrasera, de ses étincelles résineuses, les villes
et les pays ; la terre sera soulevée par les sépulchres des hommes immolés, et les vers s'engraisseront des cadavres humains ;
des quatre points cardinaux, la frayeur et la crainte d'événemens plus terribles encore, élèveront leurs voix gémissantes,
le sanglot de l'angoisse sera sur toutes les lèvres. —— Céleste
dominateur, souverain de l'univers, sommes-nous prêts pour le
jugement !

Ce qui rendra cette scène d'horreur encore plus effrayante,
c'est le sentiment de liberté qui anime les Français, et qu'ils
propageront chez tous les peuples, et par tout alors s'éveillera
leur vengeance.

Comme une confirmation du pressentiment qu'il éprouve, le
Voyant donne une lettre écrite de la France, lorsque la guerre
contre les Turcs fut décidée ; elle étoit daté de Paris, et il la
reçut le 2 janvier 1788 ; voici ce quelle contient :
« Puisque la guerre contre les Turcs est déclarée, la Gaule se
montrera l'année prochaine, de manière à ébranler tout notre
continent ; elle déconcertera plutôt tout le système des cabinets
de l'Europe ; elle hasardera plutôt toute sa puissance sur terre
et sur mer, que de souffrir que les deux cours impériales réa-
lisent leur plan audacieux ; croyez-m'en, la France a encore des
ames grandes, énergiques, des hommes fort courageux ; quoique nos anciens amis nous abandonnent maintenant, que la
Prusse, la Suède, la Hollande, tiennent avec les grandes cours,

toutefois notre esprit national, plus fier, plus courageux que le
leur, saura s'associer des peuples, pour détruire ces plans chimériques, et notre tonnerre s'entendra du Chilli au Kamschaka,
du Cap au Belt.

Ce langage, qu'on croyoit alors plein de jactance, trouva
cependant quelques approbateurs chez ceux qui observoient que
le but de la grande alliance formée entre les puissances étoit
d'abaisser la Prusse, d'anéantir la Pologne, la Hollande, et
toutes les constitutions républicaines, de partager le Nord entre l'Autriche et la Russie (1), et de chasser les Turcs de
l'Europe. Ce projet réalisé, toutes les autres puissances de
cette partie du monde n'auroient jetté qu'une foible lueur à
côté de ces deux soleils brûlans. —— Ce projet romanesque qui
remplissoit alors tous les papiers politiques, paroissoit néanmoins plus vraisemblable que les bravades de l'écrivain Français ; mais malheureusement pour les grands et puissans, que
tout dépend de l'éternel et céleste dominateur des mondes.

La France eût le bonheur qu'ont presque toujours eu tous les
états qui se forment eux-mêmes, celui d'être regardée comme
énervée au moment de sa plus grande force. Que de grâces la
nation Française doit à la Providence, qui a permis que les
puissances de l'Europe n'aient point envisagé, sous son vrai
point de vue, l'enfance de la République française (2), et
qu'elles n'ont point cru les Français capables de cette force, de
cette constance, de cette fermeté, que demande l'exécution de
grands projets et la durée de grands établissemens.

Ils conçurent et exécutèrent le plan de la plus étonnante
révolution ; la hardiesse de l'entreprise qui auroit fait tourner
toutes autres têtes que les leurs, surpasse tout ce que l'antiquité
imagina jamais de plus grand.

Mais que produiront les changemens déja effectués ? Qui pourroit le prévoir ? Celui dont les regards embrassent l'immensité,
dont un coup d'œil parcourt à la fois tout notre globe, celui
qui sonde les cœurs de tous les mortels, Dieu seul, devant
lequel le grand livre du passé, du présent, de l'avenir est toujours ouvert. Dieu qui régit l'univers, qui connoit les effets que
produira la révolution sur les siècles futurs. Dieu pour lequel
l'avenir est comme le présent, peut savoir ce qui arrivera en

---

(1) Le parti de la reine de France, toujours autrichienne dans le cœur,
ne pouvoit agir que sous main pour favoriser les plans gigantesques de
la Russie et de l'Autriche, et ces intrigues ont accéléré la ruine du
système politique de l'Europe ; mais ce que l'homme croit faire avec
sagesse, est d'ordinaire ce qui va le plus mal.

(2) Oui, les fiers Anglais, et d'autres avec eux disoient : que pré-
tendent les Français ; ils sont abîmés de dettes ?

core; mais à juger de l'apparence, tout paroît annoncer que la période présente est pour l'humanité la plus importante qui ait encore existé.

Et vous, foibles mortels, qui continuez à blasphémer contre les voies de la providence, qui attirez le glaive sur vous par votre résistance impuissante, vous êtes responsables de tout le sang qui coulera encore. Quoi ! après tant de grands événemens, en seriez-vous encore à vous appercevoir que tout ce qui arrive dans ces jours remarquables (1), n'est pas l'œuvre humaine, que votre morgue, vos peines impuissantes, ne changeront pas d'un iota les vues du souverain des mondes.

Depuis 400 ans le despotisme croît en Europe, surtout en Allemagne; la noblesse et le clergé ont sans cesse contrarié le but de toutes les sociétés civiles, leurs prétentions ont détruit le pacte social; ils s'attribuèrent toutes les propriétés foncières, en dépit des anciennes loix du pays, ils s'emparèrent des jurisdictions, ils établirent de nouvelles charges, de nouvelles redevances, qui leur assujettirent même les souverains; car, en tems de nécessité, ceux-ci doivent leur mendier des subsides et des secours. Ils sûrent, à la honte de l'humanité, rejetter sur l'homme laborieux, les corvées et les cens; ils rompirent l'harmonie établie autrefois entre les souverains, pères des peuples et leurs sujets. Comme le clergé et la noblesse avoient su s'emparer de toutes les redevances à l'état, de tous les revenus du souverain, les impôts ordinaires ne suffisant plus, il fallut recourir à des impositions nouvelles.

Ces tyrans intermédiaires sont la cause du désordre de l'état, et de la ruine du tiers. La noblesse séculière et la noblesse ecclésiastique ont consumé la sueur du peuple; ils paroissent croire que toutes les jouissances de la vie sont leur droit exclusif. Ils transportèrent même plus tard aux classes inférieures les charges du service militaire, qui dans les anciens tems reposoient sur eux. Les oppresseurs privilégiés avoient su s'emparer de tous les avantages sous des princes foibles, gouvernés par des femmes méprisables, et tout en parlant de droits, de propriétés, ils avoient anéanti les anciens contracts, les anciens documens, et leur en avoient substitué de nouveaux (2); c'est ainsi que ces usurpateurs du peuple engloutirent l'aisance

---

(1) Les nouvelles de l'Egypte, qui arrivent au moment où je finis mon ouvrage, sont des plus intéressantes; ce qui paroît folie au peuple, parmi les grands, s'éclaircira; la lumière qui se lève au centre de l'ancien monde ne restera pas sans les plus grands effets.

(2) Dans les tems où la pluralité ne savoit ni lire, ni écrire, il étoit aisé de substituer aux actes originaux d'autres actes; il étoit tout aussi

nationale et s'approprièrent les monopoles ; —— étant à-peu-près
seuls possesseurs des terres ; ils fixoient les prix des grains, du
bétail, de toutes les denrées nécessaires à la vie et les rehaus-
soient à leur gré ; que d'espèces d'arbres de futaye et d'arbres
fruitiers étoient anéantis par leur parc ; —— le bled du cultivateur nourrissoit leur gibier ; et les corvées, mais qu'on lise le
tableau de la Prusse, de la Bavière, du Palatinat, des Deux-
Ponts, du Wirtemberg. L'humanité frémit d'un tel esclavage ;
plusieurs en sont venus à réduire la propriété à la respiration
humaine. Contre tous les droits primitifs, ils savoient faire
valoir l'observance des franchises, des fondations chapitrales,
et les épices accordées à leurs greffiers, à leurs prévôts, sur-
passoient tous les tours de gibecière des plus habiles esca-
moteurs.

Où trouve-t-on, dans les anciens tems, une pareille quantité
de petits tyrans ? où, dans l'ancien tems, voit-on en Allemagne des traces de servitudes personnelles, des monopoles, du
rétrélignage, de la corvée ? où voit-on une administration de la
justice aussi embrouillée ? Selon nos meilleurs historiens, l'antique constitution judiciaire allemande étoit si simple, si claire,
si pure. On nous a soumis au droit romain ; mais les grands
ont-ils observé les loix qui les concernent, contenues dans ce
droit ?

A supposer même que les sujets fussent légitimement devenus vos serfs, vos esclaves ; pouvez-vous prétendre qu'ils le
soient éternellement et dans toutes les générations futures !
que le soleil ne répande que sur vous ses douces influences,
que la terre ne porte de fruits que pour les oppresseurs de ses
enfans, que des millions d'êtres périssent et séchent misérablement pour satisfaire aux passions d'une centaine d'individus ;
où sont écrits ces droits ? où la raison tient-elle ce langage ?
Mais les écrits contre les abus étoient défendus et les auteurs
bannis comme des hommes turbulans et dangereux, ohé ! *jam
satis est.*

Aucun droit ne peut avoir de consistance s'il ne renferme
pas un devoir ; il faut que la postérité la plus reculée, en voyant
une ancienne loi, la puisse reconnoître comme un droit ; il
faut qu'elle ait pour base des principes solides ; tout le reste
est usurpation sur laquelle la malédiction repose jusqu'à ce qu'elle
occasionne la ruine du dernier possesseur, (voyez la France).

---

facile de faire de la cense une loi, d'ériger en chartes de censes des
contracts, et de se rendre seigneur propriétaire des censes.

Qu'on voye l'histoire des corvées en Bavière, et les observations sur
les lauds, et sur les droits des seigneurs terriers ; 1799.

Quels ont été dans sa révolution ceux qui ont été appellés aux plus fortes restitutions, que le clergé et la noblesse? Quels sont ceux dont la chûte a été la plus pesante? Sur qui la colère nationale s'est-elle le plus déchainée?

Tel sera l'avantage des Républiques., qu'aucune intrigue de cour ne mettra à profit la foiblesse des gouvernans; car, dans l'ordre républicain, le despote s'évanouit, la nation reste. L'expérience nous a aussi appris que les meilleurs avis, les propositions les plus sages, sont rarement écoutées des grands, ou que du moins l'exécution n'en est jamais conduite avec vigueur, et que souvent les abus reprimés d'un côté reparoissent de l'autre sous une autre forme plus dangereuse encore. —Faut-il s'étonner du peu de confiance qu'inspirent les plans, les projets de réforme, et quel autre moyen reste-t-il aux états pour éviter leur ruine que celui d'une révolution?

La réformation de Luther et de Calvin en étoit une; elle fut comprimée par la violence; car la plûpart des états catholiques, même la Bavière, si archi-catholique actuellement, la Bohême, la Hongrie, étoient presque déja toutes luthériennes; nous avons vu les fruits qu'a produit la timidité, qui n'exécuta qu'à moitié cette grande entreprise, si les réformateurs ne s'étoient pas laissés effrayer, s'ils avoient été unis, s'ils ne s'étoient pas laissés corrompre, s'ils ne s'étoient pas divisés dans leurs principes fondamentaux, s'ils avoient montré plus d'harmonie, plus d'uniformité, plus de fidélité fraternelle. Luther auroit tout surmonté; mais le misérable esprit de parti et de secte, les petites disputes d'école, trompèrent même le peuple et arrêtèrent les progrès bienfaisans de la réformation; quelle haine, quelle persécution, quelle inimitié mortelle vit-on alors entre tous les pays; s'est-il jamais introduit dans le monde, rien de plus horrible que *la parité* dans les mêmes villes, dans les mêmes pays; c'est ainsi que la révolution politique actuelle ne pouvoit qu'enfanter aussi une manie de persécution, maintenant rallentie, mais point éteinte. Quelle jubilation ne seroit-ce pas pour les amis du despotisme! Comme ils riveroient avec zèle de nouveaux fers; comme ils entonneroient l'auto-dafé et mettroient à l'ordre du jour en Europe l'inquisition politique à la place de l'inquisition religieuse, si le républicanisme pouvoit être réprimé par la force, ou si le changement universel des états pouvoit être arrêté. —— Mais tout honnête homme, bien intentionné pour le genre humain, ne peut desirer, vouloir ou contribuer à un tel événement. —— Toutefois, vous Républicains, décidés à l'être, soyez bien convaincus que la concorde peut seule vous maintenir; ne perdez jamais de vue que le but sublime de votre révolution est de libérer la race humaine; alors vous triompherez de vos ennemis; alors vous mériterez la couronne de l'honneur ; alors seulement la Providence ; bénissant vos pas, vous conduira dans le sentier de la gloire. Sans sacrifices on ne peut aspirer à être le libérateur du monde ; les meilleures entreprises échouent par la pusillanimité ou le manque de persévérance, et Dieu ne protège point le peuple qui se déshonore par la discorde, cette furie répand sur lui des maux sans nombre, et redonne de nouveaux fers à l'humanité.

Le tableau de l'Europe prouve que la chûte du bâtiment étoit préparée dès long-tems ; un appui tomboit après l'autre, tant à l'édifice de l'église, qu'à l'édifice ministériel, et la ramure pouvoit à peine les préserver de l'intempérie des saisons. Il en est de même de notre constitution religieuse, elle s'achemine à sa dissolution ; Dieu devoit enfin prendre en pitié ses créatures ; non seulement une révolution politique, mais une révolution religieuse plâne sur notre sphère ; aucun peuple n'en sera excepté, les serviteurs de Mammon ne nous tiendront plus dans les chaînes de la superstition ou dans celles d'illusoires chimères, la justice, l'amour fraternel, deviendront nos étoiles conductrices ; l'hypocrisie n'exercera plus ses artifices, c'est sur elle que tombe la colère du juste. Son front est déja marqué du signe de reprobation, et bientôt, bientôt, s'il plait, commencera l'âge d'or, où chaque nation adorera le même Dieu, et où les nègres, les juifs (1), les chrétiens, les payens, fêteront leur alliance.

Les plus mal-adroits en fait de révolution sont les temporiseurs politiques, dont la volonté et l'action sont lentes, dont les forces et les connoissances sont comme paralysées. Ils auroient pu alléger l'enfantement de la liberté ; ils ne l'ont pas voulu parce qu'ils sont lâches, et le lâche n'est jamais homme dans aucune vertu.

L'on ne cesse de répéter qu'il faudroit, sur tout dans le tems où nous sommes, que les hommes sages, prudens, prévoyans, considérés, par leurs relations dans la société, et qui, par leurs propriétés ont à perdre, se missent en avant, et dirigeassent l'opinion publique. Mais selon la règle, c'est précisément ceux qui s'agitent le moins, et chez la plûpart, la crainte de s'exposer, de s'attirer du désagrément en est le motif ; il en résulte

---

(1) L'empereur Joseph s'obstinoit à éclairer les juifs ; c'est-à-dire, à leur faire adopter les opinions des autres peuples ses sujets ; qu'y auroient-ils gagné ? Mais les mesures du plus grand souverain n'y feront rien ; il faut que Dieu les amène ; il le fera, dans sa sagesse. Tous les peuples formeront une masse qui perdra ses noms individuels et ses propriétés distinctives ; les vues de Dieu avec les juifs sont trop grandes, trop sûrement prédites, et le développement trop près pour pouvoir être interrompu par les projets des hommes.

que comme ils se taisent sur les objets les plus intéressans qui concernent le bien public, de jeunes gens, téméraires, sans expérience en partie, sans principes moraux, et qui n'ont rien à risquer, se mettent à leur place, s'emparent des affaires, les traitent comme orateurs, comme écrivains, d'une manière qui peut se concevoir; mais comme ceux qui pourroient les traiter sagement se taisent, au moment où l'on a le plus de besoin de discuter les choses, et où même des pierres devroient parler, ceux qui ont le courage et les moyens bons ou mauvais, s'emparent de la parole; et voilà pourquoi jusqu'ici la révolution Française n'a pas été conduite comme l'auroit desiré le vrai philantrope; qui pourroit, qui voudroit le nier? —— Toutefois que le mal n'ait été augmenté par une résistance insensée, opiniâtre, que des gens méprisables n'aient grossi le mal réel, par leurs calomnies, leurs mensonges, leurs exagérations, que les Français n'aient pu être généreux dans leurs victoires; qui pourroit, qui oseroit nier ces faits? Les sacrifices, les efforts de toute la nation Française ne méritent-ils pas l'admiration? Le démon de l'envie pourroit seul méconnoître, la beauté, la grandeur de leur subordination militaire. Contemporains des armées Françaises, nous leur devons la justice de les dépeindre à la postérité comme une multitude armée, courageuse, hardie, s'embarrassant peu de leur tenue extérieure; mais remplie de cette énergie, de ce courage, de cette force qui honore l'homme; libre, sans gêne, toujours prête à l'attaque, souvent inquiete, mécontente dans les garnisons; mais en campagne toujours pleine de bonne volonté, d'ardeur, de courage, de dévouement. —— Oui, le Français a le sentiment de l'honneur (1); en général l'armée Française est une excellente armée, composée de beaux hommes; le soldat a du bon sens, du jugement, un héroïsme raisonné. Qui n'admireroit pas l'harmonie qui règne presque toujours entre les généraux Français; tandis qu'entre ceux des ennemis on ne voyoit que confusion; quelle prudence, quel coup d'œil, que de fines combinaisons, de circonstances ont été du côté des Français!

On inscrira dans les anales du monde, que cette nation, combattant pour l'indépendance, fut tout-à-coup menacée de sa destruction, et que douze puissances, dont voici les noms, vouloient lui porter le coup mortel.

L'Autriche, la Prusse, Hesse-Cassel, la Sardaigne, l'Angleterre, la Hollande, l'Espagne, le Portugal, l'Empire, Naples, Parme,

---

(1) Dans une aussi grande armée où il se trouve beaucoup d'étrangers, de Suisses, d'Allemands et autres, il peut y avoir des exceptions.

Parme, (la Russie menace depuis 1793,) elle envoya une es-
cadre dans la mer du Nord. La guerre de la Vendée , celle du
fédéralisme dans l'intérieur, encore plus terrible, furent dirigées
par l'ennemi !!!! —— Les états de V. S. B. R. qui affectoient la
neutralité étoient remplis d'émigrés , et furent presque des foyers
de contre-révolution.

Ce combat dure déja depuis huit ans, (1798) aucun siècle
n'a rien vu de semblable ; nous avons acquis tout-à-coup une
expérience de mille ans ; personne, il est vrai, ne peut prévoir la fin de tout ceci ; mais honte soit au petit esprit qui ne
sait appercevoir ici que des débris, des ruines, qui crient,
sans cesser, malheur ! malheur ! et qui n'ont point la vue assez
perçante pour pénétrer la profondeur et la grandeur divine,
cachée sous l'apparence d'événemens humains.

Il est des hommes généreux qui considérent les pertes que
leur occasionne la révolution comme des sacrifices nécessaires
au bien général, et même de bons souverains, qui ont déposé
leurs sceptres aussi tranquillement qu'un berger pose sa houlette ;
qu'ils sont respectables ! Leur chûte ne sera pas celle des tyrans
qu'accompagne la malédiction ; mais on voit des hypocrites affec-
tant de goûter le nouvel ordre , de résigner volontier leur
pouvoir. La frayeur que leur a donné la présence des Français
a produit leur subite métamorphose ; l'orage appaisé , à peine
le zéphir souffle t-il qu'ils reprennent leur ancienne forme ; soyez
sur vos gardes, républicains ; ne vous fiez pas à ces conversions
subites, à ces loups revêtus de la peau du mouton ; c'est par
leurs ruses que la révolution française a eu tant de peine à
s'achever.

Justice éternelle, père des êtres , pourrois-tu vouloir que la
race humaine fût éternellement le jouet des flatteurs et des
hypocrites ; peux-tu permettre qu'au moment où il s'agit de la
plus importante affaire de l'humanité, et où tu découvres si positi-
vement toute la sainteté de tes voies , il se trouve des ames assez
perverses pour employer leur plume, leurs talens, leurs connoissances, à te méconnoître dans tes saints et justes jugemens, et
à te blasphémer en t'accusant d'injustice ; et combien n'avons-
nous pas de ces écrivains aveugles ou vils, qui représentent
sous un faux point de vue tout ce qui se passe dans ces jours
remarquables de tes jugemens, falsifiant des faits avérés, rele-
vant, embellissant des actions mauvaises et basses (1), mécon-

____

(1) Voyez l'almanach de la Révolution, et d'autres papiers et ga-
zettes de cette espèce. Je prétends que de tels écrivains produisent un

noissant la marche du maître du monde, et voulant substituer à ses plans immenses et éternels, leurs projets vains, intéressés, imparfaits; ne voyant que le matériel des choses, et se trompant sans cesse dans leur jugement, sur les événemens et les faits dont nous sommes les témoins; la postérité ne recevra d'eux que des relations calomniatrices, dans lesquelles ils confondent l'ivraye semée par le démon pendant la nuit avec la bonne semence. Permettras-tu, père des hommes, que de tels écrits induisent en erreur les générations futures, et que leurs auteurs continuent à altérer la vérité? —— Et faut-il ajouter aux maux inséparables d'une telle révolution ceux qu'occasionnent de tels écrits?

----

effet absolument contraire à celui qu'ils ont en vue. Le lecteur sage les méprise et s'aigrit encore plus contre les réchauffeurs de tels écrits; et la petite multitude de ces imbécilles moutons se précipite d'autant plus sûrement dans son malheur.

L'ESPRIT RÉPUBLICAIN DE LA FRANCE.

LE feu républicain, ce volcan qui réveille les peuples à la raison, à la liberté, à l'égalité, ne s'est point allumé en France, seulement à l'époque de la révolution, il s'en est déja manifesté des étincelles depuis près de trente ou quarante ans; on a vu dans les parlemens des orateurs hardis mettre en avant les droits des peuples, la liberté des nations; et les anciennes républiques, la Suisse, la Hollande, n'ont pas tenu depuis des tems immémoriaux un langage aussi libre que l'a été celui des Français sous leurs derniers rois, même au milieu de leurs despotes et courtisans.

Il ne faut que lire l'histoire française, et se rappeller la brûlante éloquence des grands génies de cette nation, pour être convaincu que la révolution n'a fait que de mettre au jour les principes qui dès longtems agissoient en secret; qu'elle n'a fait que réaliser des choses desirées et pressenties, et que ces idées, ces grandes pensées étoient déja dans les meilleures têtes françaises, comme le germe d'un fruit précieux, lent à se développer, et dont la maturité dépend du tems, des saisons réglées par la providence.

Ce fruit est mûr, les obstacles qui en empêchoient la récolte sont par tout écartés; il falloit du tems, une prudente lenteur; mais une exécution prompte, hardie, lorsque l'heure a sonné.

Ni Rousseau, ni Voltaire, n'ont été les fondateurs de la révolution française; mais on s'obstine à voir la main de l'homme dans des événemens qui ne sont qu'une conséquence nécessaire, d'une cruauté et d'un despotisme trop longtems exercé.

Par l'heureuse et rare aptitude de l'esprit français de devenir tout pour tous, par son génie audacieux, infiniment élevé au-dessus de celui des autres peuples, par le commerce étendu et les relations politiques de la France avec toutes les nations; elle pouvoit seule opérer la révolution du monde, et Dieu lui a donné la masse de force nécessaire à cette grande entreprise.

L'étude de l'univers devoit produire le républicanisme, le républicanisme universel; cette opération ne pouvoit appartenir à des pédans, à des savans, scrutateurs de mots ou de syllabes, à des écoliers scholastiques. Les hommes qui conçurent une pensée aussi audacieuse étoient des gens actifs, des voyageurs observateurs, des commerçans, des militaires. Les Français qui n'étoient jamais sortis de France, ceux qui habitoient

la cour, sont presque tous, ou contre-révolutionnaires ou
émigrés.

Mais la classe la plus riche en connoissances, et la plus industrieuse, la partie de la nation qui a le plus de feu, le plus
d'activité, s'est prononcée pour la révolution, tous les êtres
sédentaires occupés de leurs spéculations, travailloient contr'elle;
mais que leurs opérations ont été foibles, imparfaits, en com-
paraison de celles des républicains.

Il est dans la nature que chaque chose ait son contraire,
ainsi la pression nécessite la repression, l'amour de la liberté
germe. —— Auprès du despotisme, sous un tyran, s'élève
et s'accroît la haine de la tyrannie, et l'oppression excite
le penchant à la résistance. Telle est la cause qui dès longtems
produisoit en France des partisans très chauds de la liberté, et
par laquelle les individus qui la craignoient le plus, ont eux-
mêmes servi d'instrument à son développement; telle fut aussi
la raison de l'alliance de la France avec la Suisse et la Hollande, et
de la guerre contre l'Autriche et contre l'ordre monacal; par les
mêmes causes la France soutint Gustave-Adolphe, roi de Suède,
dans la guerre de trente ans, dont le but étoit la liberté des
protestans; la France dans cette occasion donna des conseils
et de l'argent contre la coalition catholique.

Lorsque l'Amérique septentrionale, lorsque les Brabançons
voulûrent secouer le joug, ils s'appuyèrent de la France; lorsque les puissances du Nord partagèrent la Pologne, la France,
quoique tranquille, s'indigna de ce brigandage; lorsque l'Autriche et les Russes voulûrent expulser le Turc de l'Europe, la
France lui fournit des officiers et des ingénieurs habiles; enfin
lorsque ces puissances travailloient à bannir la liberté de l'Europe,
Dieu arma en silence la nation française, les appellant à devenir républicains. C'est par eux, c'est par eux seuls que l'Europe, peut-être même le monde entier, sortiront de l'état de
langueur où ils étoient plongés; et qu'enfin la politique infernale qui, depuis 800 ans, tenoit l'humanité enchaînée, entre
les mains des despotes sera réduite en poussière.

Lorsque sous Louis XV, des intrigans de cour, et des ministres corrompus et gagnés par l'Autriche, conclurent non-seulement une alliance avec elle, mais encore le mariage de Louis
XVI avec une archiduchesse; tous les vrais Français s'irritèrent
de cette liaison, et manifestèrent leur mécontentement par des
épigrammes et des satyres. En effet, c'est cette alliance qui a
accéléré la ruine de la monarchie française, et à laquelle on
peut attribuer la terrible fin de Louis XVI, et les Français ne
seront tranquilles que lorsque cette maison archi-despotique sera
précipitée de la hauteur et de la toute puissance qu'elle s'est
attribuée si longtems; —— cette chûte s'annonce; —— encore

quelques mois et l'astre de la gloire se lévera pour tous les vrais républicains.

L'on se plaint de ce que l'on employe çà et là des moyens trop rigoureux pour comprimer les contre-révolutionnaires; — mais qui pourroit trouver déraisonnable qu'aussi longtems que dure l'incendie, on continue à travailler avec énergie à l'éteindre, sans s'embarrasser des raisonneurs qui nous étourdissent de leurs cris; on peut se relâcher dans des tems plus calmes, l'ordre renaîtra, s'il plait à Dieu; — de ce cahos il ressortira enfin une plus belle création, alors on dira voyez: — tout est renouvellé, le doigt de Dieu se montre là; — lisez, ô vous qui doutez encore! lisez l'histoire, et dites: s'il y a jamais eu dans le monde d'événement aussi grand, de secousse aussi universelle, rien enfin qui égale la révolution française! Les plus incrédules, les contre-révolutionnaires les plus prononcés, même ceux qu'on a vu à la tête des armées, les Dumourier, Lafayette, Bouillé, Pichegruc, ne sont-ils pas contraints d'avouer qu'ils n'auroient pu le croire; qu'ils ont douté de la stabilité de la République, et que tout ce qu'ont fait ses armées contre les troupes les plus aguerries, les plus exercées de l'Europe, leur paroit aussi incompréhensible que miraculeux.

NOTA-BENE.

JADIS la France eut un roi dont l'esprit étoit républicain, (Henri IV, élevé dans l'église réformée), pour mettre fin aux guerres homicides, pour fixer des limites à la politique des despotes, avoit conçu la sublime pensée de faire de l'Europe une république, une et universelle; mais les meurtriers de la liberté, les moines, arrêtèrent ce grand homme dans sa belle carrière; il fut assassiné l'année 1610. Pour caractériser l'esprit républicain et la magnanimité de ce monarque patriote, il ne faut que se rappeller ces mots de lui, si connus : " Je ne prendrai de repos que lorsque le dernier de mes sujets sera assez aisé pour mettre sa poule au pot le Dimanche ".

De tels rois, on peut le dire, sont une vraie image de Dieu ; mais leur existence est une apparition aussi rare que celle des plus étonnans phénomènes de la nature; et rarement laisse-t-on vieillir des monarques semblables; les courtisans, les ministres, les moines, les destructeurs du peuple, dont il ne satisfont pas la cupidité, les écartent de leur chemin : tandis que des têtes bornées, foibles, des amis des moines, et des hommes voluptueux, tels que Louis XIV et Louis XV, ont été tranquillement assis sur leurs trônes pendant des demi siècles (1).

Dans un espace de 1300 ans la France a eu 83 rois, dont on en trouve à peine cinq qui aient eu les traits caractérisant la vraie dignité royale ; les autres étoient ou des despotes barbares, ou des hommes mous, bigots, ou des hommes foibles, paralysés dans l'esprit ou dans le cœur; malheur au pays dans lequel on peut faire de telles observations sur les pères de la patrie !

Tandis que j'en suis au despotisme des grands, je vais en donner ici encore un petit exemple, celui du duc de Wurtemberg, mort il y a trois ans. Lorsqu'il prenoit le plaisir de la chasse, sa récréation favorite, il employoit ses paysans à traquer le gibier, et il falloit qu'ils le poursuivissent à pied, souvent l'espace de douze à quinze lieues. S'il vouloit pêcher, sur les montagnes, il faisoit creuser, par corvée, un grand étang, que les paysans remplissoient de terres glaises, et où ils devoient faire remonter l'eau des vallées, pour en former un lac. Quiconque osoit chasser le gibier de dessus son champ étoit aussitôt condamné à être détenu dans une maison de force.

---

(1) L'archi-despote, Charles de Wurtemberg, dont j'ai donné quelques traits caractéristiques, a régné cinquante ans, de 1743 à 1793.

Il ne prenoit à son service que des gens sans moralité. Un pa-
négyriste à gage célébroit son anniversaire par de fades écrits,
en vers ou en prose, dans lesquels il élevoit aux nues les
vertus du duc, et ces hyperboles s'imprimoient. La vénalité
régnoit dans les emplois. Il a paru depuis peu, une description du Wurtemberg, dans laquelle on voit que sans capacité,
sans mœurs, on pouvoit, pour de la finance, s'élever aux charges de juges, de baillis. Telle étoit la cause qui livroit ce
pays à des hommes méprisables. —— Aussi les paysans prêts
à succomber sous les charges de corvées et d'impôts, que le
duc et ses vénales créatures leur imposoient, étoient tombés
dans un découragement qui approchoit du désespoir. La crainte
absorboit tous les esprits, tout rampoit devant le desposte ;
car le pouvoir militaire étoit toujours actif dans ses mains.
L'orgueil de la noblesse et du militaire étoit sans bornes; tel maître
tel serviteur! —— Mais c'en est assez, la mesure est pleine.

O Allemagne! tu es en maturité, —— oui, plus qu'en maturité pour la révolution. Et vous, ombres des anciens Ger-
mains, auriez-vous pu croire que vos arrières neveux tombas-
sent aussi bas? qu'ils devinssent d'humbles esclaves; —— cou-
vrez votre face. —— Pays habité par la plus brave nation, tu
fus livré pendant quelque tems à des animaux de proye; mais
le glaive vengeur brille sur toutes les têtes. —— Jour de ré-
tribution, tu viens. —— Et vous Allemands, ne bénirez-vous
pas la providence, qui se sert des Français comme d'instrumens
vengeurs de l'injustice, et qui en fait les libérateurs de l'opprimé.

Allemagne, fertile, industrieuse Allemagne, que ne peux-
tu point devenir en peu de tems, si ta force, si le sentiment de ta dignité t'élève au rang d'une nation libre? Et
vous Suisses, vous êtes aussi appellés à tendre vos bras et
votre secours à l'humanité souffrante, comme nation originai-
rement libres, vous ne devez point observer la lutte de la
liberté entre la tyrannie, comme vous l'avez fait jusqu'ici,
avec une honteuse neutralité, qui imposoit même la contrainte
de n'ôser manifester ses opinions. Il faut que de la bouche,
du cœur, avec action, avec force, vous preniez la défense
de la bonne cause, que vous souteniez ceux qui brisent leur
joug. Ils sont justement punis ceux qui, par force ou par
ruse, entravent les succès des peuples; que la honte, que
la malédiction, soit le partage des séducteurs, qui, refusant
non-seulement de s'associer aux souffrances des patriotes courageux, luttant pour la liberté, cherchent à la contrarier encore par leurs menées astucieuses et secrètes; le mépris atta-
ché à la dégradation de la servitude, tombe avec justice sur
de tels hypocrites.

D 4

SENTIMENT RÉPUBLICAIN.

L'ESPÉRANCE de tous les vrais républicains seroit-elle anéantie? La nouvelle création ne s'effectueroit-elle pas? Ah! sans doute, cela dépend des hommes auxquels sera confié l'importante conduite des choses. On peut abuser des biens les plus précieux! L'enthousiasme du peuple a tout produit en France; les plus grands sacrifices ont été faits volontairement; qu'il soit déshonoré celui qui empoisonne un don aussi sacré, aussi efficace à la délivrance de l'humanité! Que la confusion et le malheur retombent sur celui qui trompe l'espoir conçu par le philantrope, de voir enfin le bonheur avenir du genre humain.

Lorsque les ennemis de la révolution vous demandent en ricanant, où sont donc les beaux fruits qu'elle a produit? Répondez-leur, Républicains, et aussi longtems que la raison et la force seront de votre côté, faites-leur cette réponse : — L'arbre est à peine planté; il a à peine pris racine, et vous demandez déja à voir ses fruits? Sachez, questionneurs hypocrites, que les boutons, les fleurs, les feuilles, paroissent premièrement. Que plus d'un orage, d'un tonnerre, d'une tempête, passeront encore sur cet arbre, avant qu'il s'élève et qu'il porte des fruits; mais ces orages, ces ouragans, ces terribles averses, qui seront en partie votre ouvrage et occasionnés par votre résistance, ne feront que de hâter la croissance de l'arbre, et c'est ainsi que, contre votre volonté, vous fournirez vous-mêmes les alimens nécessaires à sa subsistance; il ne peut être endommagé ni détruit que par notre froideur et notre négligence, au cas que nous autres Républicains nous nous affoiblissions, ou que nous nous laissions effrayer.

Toutefois, dès-à-présent, un arbre républicain fleurit en Europe, tel qu'il n'en fut jamais de plus grand, de plus touffu, nous propagerons ses rejetons; il est sous la protection générale; mais le génie des hommes libres et celui des enfans de la lumière l'ont pris sous leur sauve-garde spéciale; quelle sera la créature qui pourra énerver son tronc, émonder son sommet. Dieu seul, Jehova, qui veille sur tout; c'est à lui que nous recommandons notre arbre; et sous son ombre nous lui offrirons nos actions de grâces et nos adorations.

COUP-D'ŒIL

SUR

LA RÉVOLUTION FRANÇAISE

SOUS LOUIS XVI,

Lorsque les rois tombent de leur trône, leur chûte ébranle au loin la terre.

COUP-D'ŒIL

SUR

LA RÉVOLUTION FRANÇAISE

SOUS LOUIS XVI.

Louis XVI, né le 23 août 1754, étoit fils puiné du dauphin et de sa seconde épouse, princesse de Saxe. Par la mort de son père, arrivée en 1765, il devint lui-même dauphin ; mais rien n'annonça dans sa jeunesse qu'il fut doué de grandes facultés ; il étoit naturellement timide et très-circonspect sur tous les objets. On parloit peu de lui avant son mariage, et la nation ne paroissoit pas fonder de grandes espérances sur son règne. Louis XV le haïssoit, et lui ne pouvoit aimer son grand-père, trop adonné aux femmes pour mériter le respect et l'amour de son petit fils.

Le dauphin, père de Louis XVI, étoit très bigot ; il visitoit sans cesse les églises et les couvens pour y rendre hommage aux reliques. Sa compagnie ordinaire étoit des moines, croyant que la vraie gloire consistoit à tout sacrifier à la religion catholique ; il disoit souvent : " Le vrai bien de la France, son „ trésor, sa gloire, c'est la religion catholique ; s'il faut tout „ perdre rien ne coûte pour la conserver " (1). Il lisoit sans cesse son bréviaire et prenoit Saint-Louis pour modèle. Il écrivît un livre de prières, imprimé en 1765, sous ce titre : Office divin, abrégé, pour tous les tems de l'année, à l'usage des personnes pieuses. Avec de telles dispositions, il mit tous ses soins à inculquer à son fils le plus grand respect pour les articles de foi les plus surprenans de sa religion ; ainsi, par exemple, il lui fut enseigné, comme une vérité sacrée, qu'il ne devoit son existence qu'aux prières des prêtres (2).

---

(1) Voyez Vie du dauphin, père de Louis XVI, pag. 274.

(2) Louis XVI avoit à peine un an, lorsque le clergé entra en procession dans sa chambre, portant des cierges, un crucifix et des images, et le prélat qui la conduisoit lui tint ce discours : " Monseigneur,

La dauphine envoya un pélerin à Lorette, chargé d'offrir un ex-voto au cas qu'elle accouchât d'un fils. Les langes bénits envoyés de Rome furent vénérés comme des reliques dans le château.

Louis XVI eut pour gouverneur Monsieur de la Vauguion, que tous les papiers de ce tems là dépeignoient comme un tartuffe, et une gouvernante dévote, qui imprima au jeune prince la plus grande crainte pour ses directeurs spirituels; on a vu très-clairement dans la suite l'influence qu'avoient les prêtres sur son esprit.

Le dauphin, père de Louis XVI, mérite cependant des éloges pour avoir montré le desir d'inculquer la philantropie à ses enfans; aussi les éleva-t-il fort simplement. Souvent il leur disoit: " Apprenez qu'il n'existe d'autre différence entre vous
„ et les autres hommes, sinon celle que vous êtes appellés à
„ exercer plus de vertu, à montrer plus de fermeté que ceux
„ d'une basse naissance ". Il ordonna aux préposés à l'éducation de ses enfans de les conduire souvent dans les chaumières, pour qu'ils y fussent témoins de la vie pénible des paysans, et qu'ils fussent touchés de la misère du pauvre.

Louis XVI étoit âgé de 20 ans lorsqu'il succéda à son grand père, Louis XV, mort le 10 mai 1774, et dont le plus grand mérite avoit été l'extinction des jésuites.

Choiseul, le favori du feu roi, négocia l'alliance avec l'Autriche et le mariage de la fille de Marie-Thérèse, Marie-Antoinette avec Louis XVI, qui épousa cette princesse le 16 mai 1770.

Ce qui prouve à quel point la corruption de la nation française avoit fait de progrès sous le règne de Louis XV, le bien-aimé, c'est que le nombre des lettres de grâce distribuées à son avénement ne montoit qu'à 500, tandis qu'à l'avénement de Louis XVI on en expédia 15000.

Le sacre du roi se fit à Rheims le 11 juin 1775, on accusa l'archévêque de Rheims d'avoir retranché du serment que prêta le roi ces paroles remarquables: " qu'il promet de protéger la
„ nation, de maintenir les loix fondamentales, et d'alléger les
„ impôts ", et d'avoir ajouté au même serment, ces mots:
" de s'appliquer sincèrement et de tout son pouvoir à exter-
„ miner, de toutes les terres soumises à sa domination, les
„ hérétiques nommément condamnés par l'église (1) ".

„ votre naissance est le fruit des instantes prières et des sacrifices que
„ nous n'avons cessé d'offrir au Dieu des miséricordes, etc. etc. ".
Vie du dauphin, père de Louis XVI, pag. 45.
(1) Anecdotes du règne de Louis XVI, T. I. p. 52.

. Ce qui étoit aussi ridicule que scandaleux, c'étoit les mesures prises pour qu'au jour du couronnement une grande multitude de peuple rassemblée criât vive le roi; il étoit dit dans l'ordonnance, que dans tous les endroits où sa majesté devoit passer elle seroit reçue au son des cloches, au bruit de l'artillerie, aux acclamations du peuple; ainsi l'on exigeoit de lui que ses cris de joie fussent en mesure avec les décharges de l'artillerie et le son des cloches; quelle bisarre étiquette!

Louis XVI, au commencement de son règne, sut choisir un grand homme pour son ministre, le comte de Vergennes; tant qu'il vécut ce fut proprement lui qui gouverna la France, et tous les éloges donnés à Louis XVI, dans les papiers de ce tems là, prouvent qu'il avoit un bon ministre; il servit l'état pendant treize ans, étoit âgé de 56 ans lorsqu'il fut appellé au ministère; et il connoissoit par lui-même presque toutes les cours européennes; ayant été ministre à Trèves, à Hannover, à Constantinople, en Suède, etc. — Sans faste dans ses manières et dans sa maison, il resta pauvre, parce qu'il fut un honnête homme; mais il s'opposa à l'alliance avec l'Autriche, et l'on sait que sa mort subite avoit été provoquée par le poison.

Louis XVI avoit encore, au commencement de son règne et par le conseil de son grand-père, choisi pour son premier ministre le comte de Maurepas, duquel l'administration produisit plusieurs réformes salutaires, qui malheureusement ne furent pas de longue durée. Louis XVI, guidé par ce ministre, essaya de rappeller les jésuites, et il distingua particulièrement pendant quelque tems l'ex-ministre de Maupeou, congédié par Louis XV, ami de cette société et généralement haï pour son caractère faux, et parce qu'il étoit entouré de jésuites; aussi le mécontentement du peuple s'exprima-t-il enfin à si haute voix, que le roi y céda et renvoya Maupeou, ce qui occasionna de grandes jubilations dans tout le royaume.

Terray, contrôleur-général, ecclésiastique et commerçant, avoit trouvé le moyen en mettant à contribution toutes les fabriques, les tanneries, les papeteries de la France, de se procurer un modique revenu de 1800,000; ceux du royaume rapportoient au roi 750 millions, dont il n'entroit que 320 millions dans le trésor royal, les fermiers-généraux et les sous-employés en engloutissant la moitié.

Lorsque Turgot succéda à l'abbé Terray, les arrérages dûs aux armées furent acquittés, on augmenta de deux sols la paye du soldat; de nouveaux canaux furent construits, et plusieurs millions furent employés à l'amélioration de la marine.

Turgot étoit un homme froid, mais extrêmement appliqué aux affaires, et qui, occupé de son travail, de son industrie, ne s'embarrassoit pas des étiquettes de cour ; il employa peu de gentilshommes au service de la marine, parce que des hommes mous et énervés ne conviennent pas sur mer, où il faut des corps vigoureux , qui bravent le danger et puissent servir d'exemple aux matelots.

C'est à cela que les Hollandois et Anglois doivent la supériorité qu'ils ont toujours eue sur mer contre les Français, dont les flottes étoient remplies d'hommes de cour ; Turgot ne l'étoit pas, il disoit à la reine qui lui demandoit de l'argent : que cet argent n'étoit pas à elle, mais à la nation ; la sévérité des réformes qu'il vouloit introduire déplut ; il trouva par tout des ennemis et fut renversé par les princes et par la reine. Ce fut ainsi que , sous le règne de Louis XVI, plusieurs hommes de mérite , tels que Turgot, Saint-Germain, Maurepas , Vergennes , furent sacrifiés ; on prétend même que ces deux derniers avoient été empoisonnés.

Les guerres ont moins causé de maux à la France que ne lui en ont occasionné les fréquens changemens qui se faisoient dans le ministère des finances, et les divers systêmes des ministres, dont le dernier en place anéantissoit toutes les opérations de son prédécesseur ; car, dans une espace de peu d'années il y a eu huit ministres, Turgot, Clugni, Taboureau, Necker 1776 , Joly-d'Ormesson 1783 , Calonne 1783 , Brienne, évêque de Toulouse, 1787, des têtes à projets se trouvèrent entre ces ministres , particulièrement Necker et Calonne, dont les opérations contraignirent le roi à appeller l'assemblée des notables , et jettèrent la nation dans des embarras et dans un abîme de dettes où elle ne s'étoit jamais trouvée.

Le nouveau ministre de la guerre, le comte de Saint-Germain, avoit fait de sages réglemens, des changemens utiles à l'amélioration de l'armée, mais ne pouvant obtenir qu'ils fussent observés il demanda son congé.

L'année 1775 on vit déja beaucoup de fermentation en France, et une terrible sédition se manifesta à Paris, comme le prouve l'extrait fidèle d'une lettre écrite de cette ville, en date du mois de mai 1775.

" L'esprit de révolte a aussi pénétré dans cette heureuse province, tout s'est armé à Versailles, à Saint-Germain, à Rheims; c'est pour Paris qu'on craint le plus ; car rien n'est plus effrayant qu'un soulévement dans une ville dont la population est presque d'un millions d'ame ; la ville est remplie de soldats, on voit des guérites sur toutes les grandes places, des sentinelles à tous les postes ; on a arrêté beaucoup d'individus du peuple et les plus cruelles punitions les attendent ; le comte d'Artois s'est montré à cheval, au milieu de cette furieuse émeute , jettant de l'argent pour appaiser le peuple ; mais celui-ci crioit : nous ne voulons pas d'argent, mais du pain, dé la liberté ; 30,000 hommes de troupes réglées sont devant Paris ; et 50,000 dispersés dans d'autres provinces pour étouffer le feu de la sédition.

„ Il y a peu de jours que l'effroi étoit à son comble à Paris, parce qu'on y avoit la certitude que plusieurs milliers de bourgeois se sont armés secrettement, prêts à éclater à la première occasion ; des mouvemens se manifestent aussi dans la campagne, ses habitans se proposent de piller tous les grands seigneurs ; la vie du roi n'est pas même trop en sûreté ".

La nation étoit trop éclairée pour ne pas remarquer les fautes de la cour ; les bourgeois disoient aux premières classes : nous sommes des hommes tout comme vous, le tiers contribue plus que vous à la défense, à la dignité, aux lumières de la nation ; nos plus grands génies, nos meilleures têtes, nos artistes les plus distingués ; en un mot, la plûpart de ceux qui, par leur esprit ou leurs talens, ont honoré la France, n'ont-ils pas été des individus du tiers.

La domination des maîtresses finit en France au règne de Louis XVI ; mais elle fut remplacée par celle de la reine, du comte d'Artois, de Condé, de Rohan et des autres princes du sang. Ces corégens abusèrent à qui mieux mieux de la bonté du jeune roi, et leur prodigalité dissipoit en un instant toutes les épargnes qu'il faisoit dans sa propre maison.

Louis XVI prêtant l'oreille à tous les nouveaux projets, il en résultoit beaucoup d'essais sur la pauvre nation, qui, au travers de ces faiseurs d'expériences, s'échappa enfin, même des mains du roi.

Lamoignon, archevêque de Sens, et Calonne, tous deux liés avec le comte d'Artois, engagèrent le roi à suspendre de nouveau les parlemens ; le comte d'Artois vouloit à main armée les forcer à consentir à de nouveaux impôts, le roi cédant à ces insinuations exila hors de Paris tous les membres du parlement.

Le peu de bien que produisit pour la nation l'assemblée des notables, composée de tout ce qu'il y avoit de plus distingué dans le royaume, est connu, et ce qui suffiroit pour le prouver c'est l'édit accordé aux protestans qui sollicitoient des augmentations de franchises, édit si insignifiant, si rempli de restrictions oppressives, qu'on peut douter s'ils n'avoient perdu plutôt que gagné à l'obtenir.

Le danger étoit si pressant, le mécontentement de la nation tellement à son comble, qu'il ne restoit de moyens pour prévenir la dissolution totale de ce grand corps politique que le rassemblement précipité des trois états du royaume, la noblesse, le clergé et le tiers ; depuis 175 ans les états généraux ne s'étoient pas tenus.

A peine en eut-on conçu l'idée, que la cour et le parlement voulurent régler la manière dont le tiers état paroîtroit à cette assemblée ; quoique la masse d'hommes qui le compose fût bien plus forte que celle des autres classes, on s'opposoit à ce que ses représentans fussent élus librement, et à ce qu'ils pussent opiner à la pluralité des voix, et on ne leur reconnoit, dans cette assemblée du royaume, que le rôle que jouent dans les municipalités de quelques villes de l'Allemagne, ces conseillers subalternes qui opinant du bonnet se tournent et se retournent aux moindres signes de leurs supérieurs. Mais on se trompoit lourdement, en supposant que le tiers plus intéressé que tout autre comme partie souffrante à desirer un changement, pût consentir à se laisser dominer dans cette assemblée ; il se sentoit infiniment plus fort qu'on n'auroit pu l'attendre d'un peuple courbé sous le joug du despotisme, et comme la partie la plus nombreuse, il demanda d'avoir au moins égalité de ses représentans avec ceux des deux autres classes. Ce doublement du tiers parût être desiré de toutes les communes du royaume ; mais la noblesse s'y opposa, et peu s'en fallut que cette opposition ne fit éclater une révolte générale même avant l'ouverture des états-généraux.

L'on obtint enfin du roi qu'il fixât au moins à mille le nombre des députés, et que ceux du tiers fussent égaux, au nombre des deux autres classes prises ensemble.

Les états généraux s'ouvrirent le 4 mai 1789, et les mémoires des princes du sang étoient encore conçus dans un style si méprisant, si haut et véritablement si rebutant, qu'une réunion entr'eux et le tiers paroissoit à peine possible.

Mais la noblesse du Roussillon montra plus de vraie grandeur, en écrivant à l'assemblée nationale. " Intimément convaincus qu'un noble est avant tout homme et citoyen, nous
  " sommes résolus à donner à nos concitoyens du tiers, les
  " preuves les plus sincères de notre desir de nous réunir à
  " jamais à eux, pour travailler de concert à assurer le bien de
  " l'état et le rétablissement des droits constitutionnels de tous
  " les sujets du royaume, nous voulons donc à l'avenir partager
  " avec eux les impôts légitimes, et les charges de l'état, en
  " proportion de nos biens, de nos propriétés, sans restriction, sans aucune exception, et avec l'espoir que le
  " clergé et tous les autres corps privilégiés auront les mêmes
  " dispositions et prendront les mêmes résolutions ".

Les citoyens du Béarn écrivoient à l'assemblée nationale :
" Nous sommes nés libres et ne voulons pas mourir esclaves ;
  " notre paysan est pauvre, mais bon ; nous ferons ce que nous
  " pourrons pour le bien de l'état, volontairement, par amour,
  " et non par obligation ".

La

La noblesse et le clergé si haïs ensuite sous le nom d'aristo-crates, firent marcher secrettement 40 mille hommes sur Paris pour intimider la bourgeoisie, et obtenir par la force ce que leurs ruses et leurs intrigues n'avoient pu effectuer.

Le 21 juin, le roi anéantit la résolution prise par le tiers ; mais celui-ci s'obstina et continua ses séances.

Le but de l'assemblée nationale étoit d'amener un nouvel ordre de choses, d'extirper les abus, et de rétablir la liberté. Pour peu qu'on réfléchisse on verra combien il falloit passer de pas dangereux pour en venir à vaincre 60 mille nobles, 100 mille privilégiés, desquels les privilèges consistoient à ne rien payer, et à se faire payer du peuple ; 200 mille prêtres, 60 mille individus attachés à différens ordres, et qui en vertu de leurs franchises ne vouloient non plus contribuer en rien aux charges publiques ; qu'on ajoute à cela les fermiers généraux, les receveurs d'impôts de toute espéce ; 50 mille sous-employés, toute la tribu des avocats, des procureurs, des gens en places, qui tous s'opposoient aux nouveautés qu'il falloit introduire ; —— telle étoit l'effrayante multitude d'hommes à laquelle le reste de la nation étoit livré ! et tels étoient les maux, vieillis, opiniâtres et profondément enracinés, que l'assemblée nationale devoit combattre.

Suivant le témoignage unanime des voyageurs, la France est le paradis terrestre de l'Europe ; mais de tout tems le génie du despotisme a ruiné ce beau pays ; et si l'esprit national français n'étoit tout feu, tout vivacité, tout activité, la France dès longtems seroit un désert, vrai repaire des tigres et des ours.

Le roi cessa d'être libre à l'instant où la révolution commença ; une répugnance visible se manifestoit dans les discours qu'il tenoit et dans les résolutions qu'il prenoit à l'assemblée natio-nale ; son serment même fut contraint, parce que son cœur tenoit à d'autres principes.

Le 11 juillet, le prince de Lambesc parut à cheval à la tête de sa troupe, dans l'intention d'écarter le peuple qui remplis-soit le jardin du château ; il se précipita sur la foule avec des cris effrayans, et de son sabre il blessa un vieux médecin qui se promenoit ; irrité de cet acte de violence, le peuple s'émut, les gardes françaises réunies aux bourgeois s'opposèrent au prince, le forcèrent à fuir, et cet événement fut pour Paris le signal de la révolte générale.

Dans la nuit du 12 au 13 juillet tout Paris fut en mouve-ment, plus de 300 mille hommes furieux parcouroient les rues, brûloient les barrières, enfonçoient les magasins à poudre, pillèrent le garde-meuble pour avoir des armes ; ceux qui ne pûrent en trouver dans les divers lieux qu'on fouilla, s'armè-rent de poignards, de massues, de piques, de fourches, de

E

barres de fer; par tout on sonna le tocsin, et les habitans de toutes les contrées environnantes se rassemblèrent à Paris, où les troupes campées au Champ-de-Mars répandoient le plus grand effroi, et occasionnoient une si grande fermentation, que dans cette crise violente les Parisiens se portèrent aux actions les plus désespérées.

La Bastille fut emportée d'assaut le 14 juillet, le roi se vit contraint de faire reculer les troupes qui circonscrivoient Paris et Versailles. Deux-cents mille hommes conduisirent le roi en triomphe de Versailles à l'hôtel-de-ville à Paris, il y prit la cocarde nationale. Trop ému pour se faire entendre, un autre harangua pour lui la multitude ; mais le peuple ayant crié qu'il falloit que le roi parlât lui-même, Louis se leva aussitôt, et dit à haute voix : "Vous pouvez toujours compter sur mon affection". On exigea de lui qu'il s'engageât à ne point arrêter la marche de la révolution par la force militaire, et à ne point répandre le sang des citoyens ; il promit tout, et retourna à Versailles ; déja dans cette époque la vie du roi couroit de si grands risques, qu'il avoit demandé la protection de l'assemblée nationale.

On commençoit déja à tramer en France des complots de contre-révolution ; de fâcheuses nouvelles arrivoient à Paris de tous les départemens, et il est certain, que toutes les tentatives de contre-révolution des ci-devant seigneurs, de la noblesse et du clergé, ont coûté plus de sang à la nation que n'en ont fait répandre toutes les divisions entre le peuple même.

Le repas que la cour donna à Versailles aux gardes du corps fut l'occasion d'un mouvement violent ; les dames du palais y ayant distribué des cocardes blanches et insulté publiquement à la cocarde nationale ; cette nouvelle fit une telle sensation à Paris, que tout le peuple courut en foule pour venger cet affront.

Plus de 50 mille hommes armés se rendirent le 5 octobre à Versailles, pour y chercher le roi et l'amener à Paris ; ils arrivèrent à minuit devant la grille du château ; demandèrent à parler au roi, auquel ils représentèrent la nécessité d'établir sa résidence à Paris avec l'assemblée nationale. Dans cette horrible nuit du 5 au 6, la vie du roi, et plus encore celle de la reine, coururent le plus grand danger ; le tableau de ces scènes d'horreurs est si effroyable qu'on ne peut en porter de jugemens certains ; toutefois, même en regardant une partie des faits comme exagérés, ce qui reste vrai suffit pour révolter l'humanité ; presque tous les gardes du corps, qu'on supposoit avoir insulté la cocarde nationale, furent massacrés ; d'autres conduits prisonniers à Paris ; le jour suivant le roi, la reine, leurs enfans, partirent de Versailles pour se rendre dans la capitale ;

la multitude immense, de tout âge, de tout sexe, de tout état, qui accompagna leur marche, fut cause qu'ils n'arrivèrent qu'à huit heures et demi à Paris ; en s'approchant des barrières, le roi dit au maire : je vous vois toujours avec plaisir à la tête de ma bonne ville de Paris ; j'y ferai désormais ma demeure habituelle. Ces paroles du roi furent conservées dans l'inscription de la médaille qu'on frappa pour cette occasion ; mais lorsque au commencement de mai 1790, le maire présenta cette médaille au roi, celui-ci la reçut avec froideur, en disant : —— J'ai bien dit que je résiderois le plus souvent ici, —— oui, d'après les cisconstances ; —— on voit par ceci que le roi cherchoit à mettre des restrictions au sens des mots qu'il avoit dit.

Le 19 octobre 1789, l'assemblée nationale qui avoit décrété qu'elle étoit inséparable du roi, tint sa première séance à Paris ; le 20 juin 1790, l'assemblée nationale décréta l'abolition des ordres, des titres, des livrées.

Avant la révolution, dès qu'un individu roturier s'étoit acquis dans le commerce une fortune considérable, sa famille cherchant à s'élever, achetoit la noblesse, et par cet abus vaniteux, lui et ses enfans étoient perdus pour l'état ; car dans les préjugés d'alors, un noble se dégradoit par le travail, et comme cette caste n'étoit point imposée en France, toutes les charges y retomboient sur la bourgeoisie et sur les paysans, abus qui contribuoit encore à la dégradation des mœurs.

Le 14 juillet 1790, anniversaire de la prise de la Bastille, on célébra au Champ-de-Mars la plus grande fête que l'homme ait jamais célébré, c'étoit celle de l'alliance entre la nation ; plus de 500 mille ames y étoient rassemblées des diverses contrées de la France ; les 83 bannières du royaume y furent solemnellement consacrées, prêtèrent le serment au roi et se jurèrent fraternité.

Dans la nuit du 20 juin 1791, le roi partit avec sa famille ; il prit sa route par Montmédi, pour se rendre à Luxembourg, sur le chemin duquel le général Bouillé l'attendoit avec un corps de troupes ; mais sa majesté fut arrêtée à Varenne et ramenée à Paris escortée d'une armée de 800 mille hommes de gardes nationales qui se rassemblèrent sur son chemin ; la plus grande tranquillité, le plus grand ordre régna dans cette marche. Le roi arriva à Paris le 25 juin.

L'émigration redoubla lorsque le roi eût accepté la nouvelle constitution, on vit émigrer jusqu'à des membres de l'assemblée nationale. C'étoit une tache de n'être point à Coblentz ou à Worms, et ceux qui avoient quitté leur poste, les officiers, les magistrats, les conseillers du parlement, ne s'occupoient dans leur vie errante et oisive, qu'à attirer hors du royaume tous ceux qui avoient de la fortune. Dans plusieurs parties de l'empire français on essaya des contre-révolutions, qui toutes étoient tramées par les émigrés et leurs amis, les nobles et les prêtres réfractaires.

Le roi lui-même reconnoissoit que la nouvelle constitution étoit la volonté du peuple, puisqu'il répondoit aux députés de l'assemblée chargés de l'interroger sur les motifs de son départ, qu'il n'auroit jamais pu connoître à Paris quel étoit le vœu général, qu'il avoit vu dans son voyage que l'opinion générale étoit pour la constitution ; il est inconcevable après cela que le roi pût encore entretenir des relations avec les émigrés !

La seconde assemblée nationale ouvrit ses séances le 3 octobre 1791, elle commença ses délibérations par des commentaires sur le titre de roi ; beaucoup de jeunes têtes se trouvoient dans cette assemblée, leurs observations peu réfléchies répugnoient à tous les hommes sensés, et le mécontentement général de la plus saine partie du public, contraignit enfin ces nouveaux législateurs à s'appercevoir eux-mêmes de leur imprudence.

Les jacobins connus par leur courage féroce et par leur exaspération pour la liberté, furent sans doute la première cause de l'émigration d'une quantité d'honnêtes gens. Cependant ce n'est point à eux seuls qu'il faut attribuer les craintes qui portoient à l'émigration ; les royalistes cherchèrent aussi à donner l'alarme à la nation, à semer par tout la division, la méfiance, dans la vue de rendre la révolution haïssable; des esprits aussi inquiets méritent le blâme des honnêtes gens, surtout lorsqu'ils cachent leurs menées sous un masque hypocrite, ou qu'ils se laissent employer comme espions. A cela se joignirent encore les instigations de la cour, qui parloit avec le plus grand mépris de l'assemblée nationale, et qui faisoit circuler dans Paris menaces sur menaces d'une invasion d'ennemis étrangers; tandis que les princes émigrés répandoient par tout qu'ils agissoient au nom du roi.

Ces tristes circonstances et les passions de toute espèce, ont occasionné de grandes fautes dans le gouvernement. La convention étoit chaque jour moins considérée ; la licence régnoit parmi le peuple, les écrivains insultoient sans retenue les objets les plus respectables; les municipalités agissoient arbitrairement, les prêtres inconstitutionnels prêchoient la mort et la vengeance, c'étoit enfin la plus parfaite anarchie; les clubs s'étoient multipliés à l'infini dans tout le royaume, et l'on ne pouvoit prévoir où conduiroit enfin cette violente effervescence; heureusement la nation se protégeoit elle-même; on comptoit passé quatre millions de gardes nationales, résolues à ne pas s'écarter d'une ligne des droits qu'ils avoient acquis; une nation n'est jamais plus forte que dans le danger et lorsque *liberté* est son mot de ralliement. Un empire composé de plusieurs millions d'hommes , partisans zélés de la constitution , un empire qui trouve en lui des ressources, qui est fort de sa situation locale, et des facultés, et du génie de ses habitans ; un tel empire ne capitule pas sur les grâces ou les menaces , sur lesquelles les souverains et les émigrés avoient fondé leur vain espoir , et qui ont creusé l'abîme qui les a eux-mêmes englouti.

Nous serons cause de notre propre ruine , si nous perdons encore du tems en négociations et en délais ; ainsi décidons-nous à la guerre : tel fut le cri de l'assemblée nationale ; et le 19 avril 1792 la grande guerre fut décidée.

Un terrible mouvement se fit à Paris le 20 juin 1792 ; le roi avoit, peu de tems auparavant , refusé sa sanction à trois décrets concernant le déportement des prêtres insermentés , l'abolition des gardes du corps devenus suspects , et l'appel de 20 mille hommes des 83 départemens , pour protéger Paris ; sur ce refus la populace assaillit le château , se porta en foule dans la chambre du monarque , la garde nationale l'environna et lui offrit le choix entre une cocarde blanche et une cocarde nationale , le roi prit cette dernière ; on lui présenta le bonnet rouge de liberté , il le mit ; on lui apporta un verre de vin , il le but à la santé de la nation ; alors le peuple exigea le déportement des prêtres fanatiques et le sanctionnement du décret sur les 20 mille hommes. —— Le roi demanda le silence ; —— la tranquillité un peu rétablie , il dit à haute voix, qu'il examineroit la chose : que la constitution ne permettoit pas les moyens violens qu'ils employoient, et qu'il chercheroit à les contenter.

Dans la proclamation aux départemens que le roi fit circuler après cette insurrection , il est dit que le peuple a forcé la demeure royale, a conduit des canons jusques dans la salle des gardes , a forcé les portes de sa chambre, et essayé par cette violence d'arracher la sanction à deux décrets (1).

Dès ce moment le roi perdit la confiance de la nation ; toute la France murmuroit contre sa lenteur à donner les ordres nécessaires, dans un moment où la guerre étoit commencée, et où des troupes étrangères entroient dans le royaume. —— Quatre mois s'étoient presque écoulés , et l'on ne voyoit aucun résultat des armes françaises, tout, au contraire, annonçoit que les officiers et les commandans, d'accord avec les princes, trahissoient la cause de la liberté.

Chacun sentit à ce moment que la France étoit perdue si Louis restoit roi ; chacun calcula les horribles suites de l'entrée

---

(1) Véritablement nécessaires.

des Prussiens et des Autrichiens en France. L'émigration des riches et des grands s'augmenta à un point effrayant ; des bataillons entiers de l'armée, séduits par les officiers désertoient. Les villes, les villages, les hameaux, depuis Fribourg en Brisgaw jusqu'à Cologne, tout étoit rempli d'émigrés, tous les chemins, toutes les auberges fourmilloient de fuyards, ceux qui ont vu leurs morgues, qui ont entndu leurs calomnies, leurs vindictes, qui ont été les témoins de leurs excès, n'ont pu trouver des couleurs assez fortes pour peindre cet horrible tableau.

L'entrée des Prussiens et des Autrichiens sur le territoire français excita dans Paris le plus effrayant mécontentement contre la cour, et qui s'accrut encore du refus qu'avoit fait le roi de sanctionner deux décrets, que l'assemblée nationale trouvoit de toute nécessité à la sûreté de l'état.

Le feu qui couvoit sous la cendre éclata le 10 août, et la cour et la nation furent séparées par une horrible boucherie, circonstance qui devint un des principaux chefs d'accusation et de condamnation contre Louis XVI.

Le 10 août fut un jour effroyable ; le roi avoit dès le grand matin passé la garde du corps en revue, et l'avoit exhortée à se bien défendre, c'est de quoi on lui fit un crime. La lutte fut effroyable entre le militaire, la garde nationale, le peuple. Dans ce jour à jamais mémorable, on compta en victimes massacrées ou blessées, en individus plongés dans des cachots, 9000 hommes ; et dans les massacres du 2 et 3 septembre, suite du 10 août, on assassina comme conspirateurs, contre-révolutionnaires et prêtres, plus de 8000 hommes ; ces scènes de massacres du 2 au 3 semptembre font frémir l'humanité. Ce ne fut qu'avec la plus grande peine que l'assemblée nationale empêcha l'assassinat du roi et de toute sa famille ; les fédérés qui étoient à Paris, avant de se rendre à l'armée, forcèrent toutes les prisons où ils tinrent un tribunal de sang.

La convention nationale publia un mémoire des motifs qui l'engageoient à suspendre l'autorité royale. Elle y disoit entr'autres que le peuple craignoit d'être livré par le roi aux ennemis étrangers, puisqu'il entretenoit des relations avec les princes, les émigrés, et qu'il conjuroit, par conséquent, ouvertement contre la liberté des Français.

Le 27 septembre 1792, la convention décréta à l'unanimité l'abolition de la royauté en France.

Le 15 janvier 1793, on recueillit les voix dans la convention sur la question : Louis est-il coupable ou non ? Entre 719 députés présens, 693 répondirent affirmativement ; après l'appel nominal le président se leva et dit : Au nom de la convention nationale, je déclare que Louis a été convaincu de conjurer contre la liberté de la nation, et d'attenter contre la sûreté générale de l'état. Le jour suivant on délibéra contre la peine qu'on infligeroit à Louis XVI, 387 voix opinèrent purement et simplement à la mort, 319 pour la prison, 2 pour la prison et les fers, 13 pour la mort avec délai et conditionnellement ; les représentans étoient au nombre de 721. Le président Vergniaud annonça la pluralité par ces mots : Citoyens, la peine de mort est décernée à Louis XVI.

Cette mort fut un coup de foudre pour toute l'Europe. Elle est la cloche funèbre, sonnée pour tous les despotes. —— Des 67 rois qu'a eu la France cinq ont été empoisonnés, trois assassinés, et Louis XVI mort sur l'échaffaut.

REMARQUES GÉNÉRALES SUR LA FRANCE.

Lorsqu'on veut préconiser l'ancien régime français, c'est toujours le siècle de Louis XIV et ses glorieuses conquêtes qu'on met en avant, sans réfléchir aux injustices et à l'oppression qui les ont caractérisées dans l'intérieur du royaume. La France est un pays si excellent, elle a de si bonnes têtes que les Anglais ont dit il y a longtems : " par charité chrétienne nous souhaitons aux Français la liberté civile ; mais comme amis de notre patrie nous reprimons ce souhait ; car le climat de la France est si favorable que si l'on provoquoit l'industrie et les efforts du peuple, elle s'élèveroit bientôt au-dessus de notre île ", aussi le poëte disoit :

Si la France acquiert un jour la liberté, la vieille Angleterre seroit engloutie par cette puissance. Le caractère et l'esprit Français se ploye à tout, rien n'est plus aisé et plus doux que de dominer un peuple naturellement gai.

Le génie reste toujours génie sous tous les climats, on paroît avoir oublié cette faculté de l'esprit français lorsqu'on rabaisse les rapides progrès de leur révolution. — Montesquieu confirme cette idée lorsqu'il dit : " Si la France fait usage de ses forces elle est invincible ".

Dans la guerre précédente, Fréderic le grand disoit ces mots à jamais remarquables : " Si j'étois à la tête des Français, je voudrois marcher d'un pôle à l'autre ". Dans tous les tems il n'a donc manqué à ce peuple qu'un roi sensé et des chefs intelligens pour être aussi grand, aussi respectable, qu'il étoit avili, pauvre, méprisable, sous un mauvais gouvernement.

Rien dans le monde n'est plus cruellement vengé que les mauvais traitemens dont on accable une nation. L'amour propre, la conservation propre, le devoir de chaque citoyen de secourir son voisin opprimé ; telles sont les semences dont les germes se développent avec la plus grande vigueur, et que Dieu destinoit à produire un exemple capable d'effrayer les tyrans ; car il créa lui-même, dans le cœur de l'homme, ce sentiment impérieux par lequel il résiste à la méchanceté, à l'audace, à la folie, qui cherchent à l'écraser (1).

La nature humaine ne peut jamais être corrompue et anéantie

---

(1) Il ne se passoit pas une année en France où l'on ne vit au moins 1000 malheureux condamnés aux galères, souvent pour un mot à peine énoncé contre leurs magistrats.

au point qu'elle ne respecte plus la vertu et la sagesse, et
qu'elle n'éprouve de la répugnance et de la haine contre l'injustice et les mauvais traitemens. Ces sentimens peuvent, il
est vrai, paroître assoupis; mais ce sommeil, en augmentant
la hardiesse du tyran, accélère sa ruine, parce qu'ils ne la pré-
voit pas; il en fut ainsi en France; tout le monde prévoyoit
la chûte de cet empire, à l'exception des grands, qui croyoient
avoir en main tous les moyens nécessaires pour réprimer chaque
explosion violente, sans s'appercevoir que le pouvoir qu'il s'at-
tribuoient résidoit dans les bras du peuple; aussi Salomon a-t-il
dit : lorsque Dieu veut châtier les grands il les frappe d'aveuglement. Les scènes effroyables qui ont souillé la révolution,
seront à jamais l'objet de la douleur de tous les honnêtes gens,
et de tous les Français qui pensent bien ; je ne puis croire que
des protestans fussent capables d'horreurs pareilles à celles qui,
dans les scènes de massacres du 2 au 3 septembre et dans
celle de la Saint-Barthelémi, ont révolté l'humanité (1); jamais des ministres protestans ne se sont laissés employer *comme
assassins de roi*, soit par le fer, soit par le poison, ainsi que
l'ont fait des prêtres catholiques.

En se rappellant les persécutions qu'ont souffert en France
les réformés, il y a 100 ans et 50 ans, on pourroit envisager
cette révolution comme une vengeance divine ; car c'est principalement sur le clergé que sont tombés les plus grands maux;
cette circonstance ne seroit-elle point un signe du doigt de
Dieu ?

Les abus superstitieux de la religion catholique ont beaucoup
contribué à la révolution ; lorsque la lumière a été répandue
on est tombé de la superstition dans l'incrédulité; c'est surtout
à Rome que cette observation est frappante ; car d'un côté les
moines y commettoient toutes sortes d'excès sous les yeux du
pape, et de l'autre, la plupart des cardinaux étoient athées,
quoique d'ailleurs très-scrupuleux dans les observances extérieures du culte. Cette hypocrisie attire bientôt l'horreur et le
mépris des honnêtes gens sur ceux qui s'en rendent coupables.
Il en étoit de même en France, où les archevêques, abbés,
moines, et tout le haut clergé, menoient la vie la plus licen-

______

(1) Dans la seule nuit de la Saint-Barthelémi, où à l'instigation des
jésuites, les protestans devoient tous être massacrés en France; on
compte cent mille victimes innocentes qui perdirent la vie; et combien
n'en est-il pas péri par les dragonades de Louis XIV? Aussi, par l'instigation des moines, le confesseur de ce roi bigot, lui disoit que rien
ne pouvoit lui procurer l'absolution de ses péchés, et le rendre méritant
aux yeux de Dieu, comme l'extinction des hérétiques, et ce roi foible,
surnommé Louis le grand, donna ses ordres en conséquence.

F

tieuse, et n'avoient point de religion, quoiqu'ils maintinsent strictement chez le peuple les observances du culte catholique.

C'est à cette corruption qu'il faut attribuer toutes les impiétés dites et écrites en France sur la religion chrétienne; elles ne peuvent provenir que de l'irritation d'avoir été aussi longtems trompé; tout comme les horreurs et les cruautés commises par le peuple Français, n'ont d'autre source que son peu de culture morale, son peu de civilisation, suite de l'ignorance profonde dans laquelle les moines l'avoient plongé pendant tant de siècles.

C'est ainsi que se punissent, à la fin, les illusions, les tromperies faites aux peuples; tout se renverse avec elles, et l'on ne croit plus à rien, le sentiment de l'humanité est même dégradé. Le peuple ne connoissoit la religion chrétienne que par les couvens et par la vie licentieuse du haut clergé, qui a défiguré cette sainte religion par des cérémonies qui tendoient la plupart à enrichir ses serviteurs; et à quoi bon le faste superstitieux dont on a décoré le culte catholique? A quoi bon cette multiplicité d'observances dont le nouveau testament ne parle point, ces processions, cette confession auriculaire, ces exorcismes, ces pélérinages, cette eau bénite, ces chapeaux de cardinaux, ces mithres, ces crosses épiscopales, ces Agnus Dei, ces bulles d'indulgences, ces images, ces ordres, ces congrégations, et tant d'autres choses; toutes ces momeries n'ont d'autre but que d'étourdir; d'éblouir la raison, et elles obscurcissent la vraie religion qui doit être dans le cœur, dans la pratique et non sur les lèvres; la chûte de l'église romaine arrivée, les peuples deviendront frères et amis. Si dans la suite, comme on doit le desirer, le vrai mérite est récompensé en France, si l'éducation, la religion, les mœurs s'y améliorent, la nation se développera, et produira de plus en plus des hommes doués de grandes facultés et d'un grand caractère.

F I N.

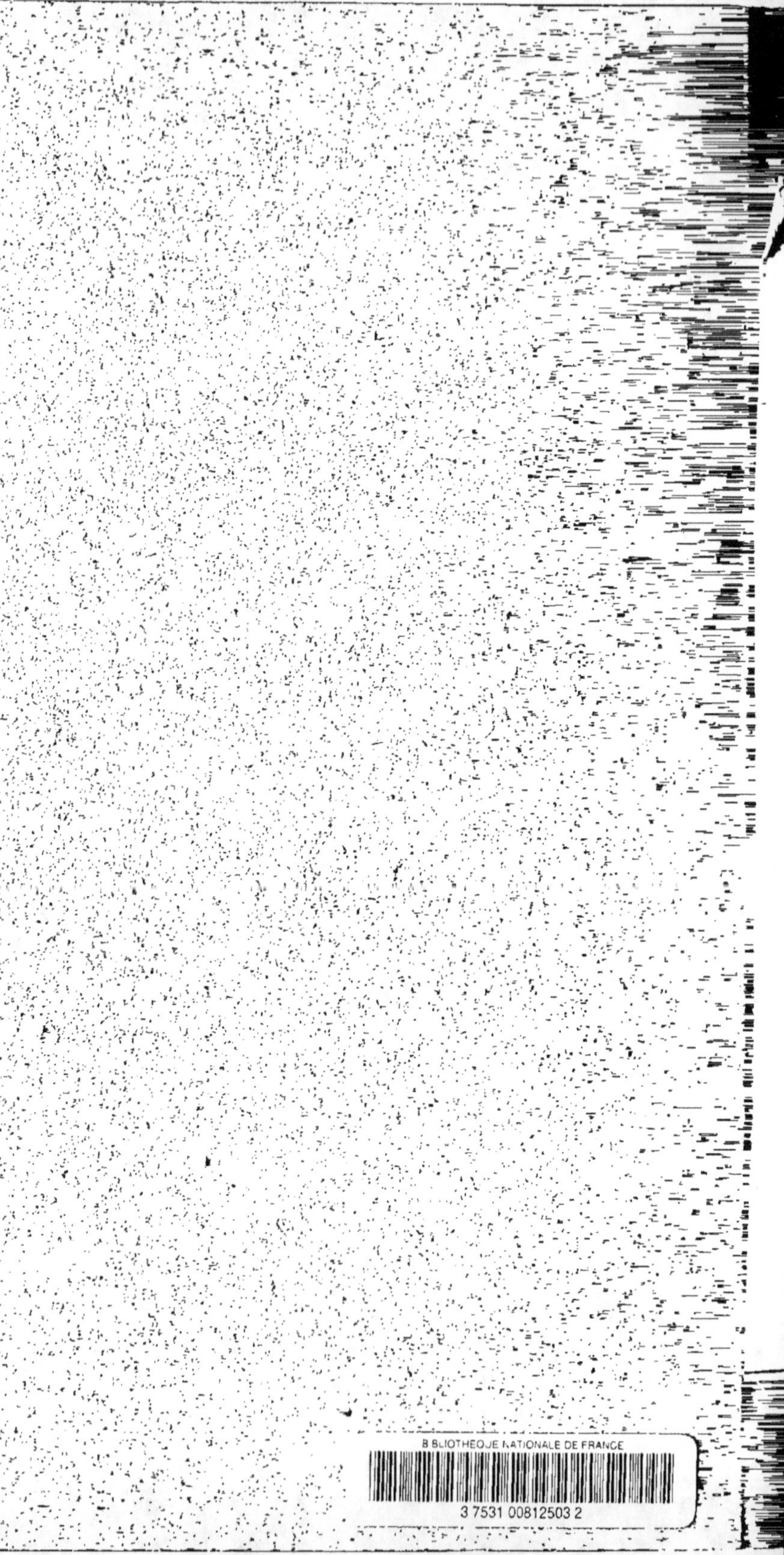